KB270172

뉴욕에서 외치는 대~한민국

뉴욕에서 외치는 대~한민국

초판 1쇄 인쇄일 _ 2010년 8월 17일
초판 1쇄 발행일 _ 2010년 8월 23일

지은이 _ 남경
펴낸이 _ 최길주

펴낸곳 _ 도서출판 BG북갤러리
등록일자 _ 2003년 11월 5일(제318-2003-00130호)
주소 _ 서울시 영등포구 여의도동 14-5 아크로폴리스 406호
전화 _ 02)761-7005(代) | 팩스 _ 02)761-7995
홈페이지 _ http://www.bookgallery.co.kr
E-mail _ cgjpower@yahoo.co.kr

ⓒ 남경, 2010

값 12,000원

* 저자와 협의에 의해 인지는 생략합니다.
* 잘못된 책은 바꾸어 드립니다.

ISBN 978-89-6495-003-6 03320

뉴욕에서 외치는 대~한민국

뉴욕 헤지펀드 업계에 몸담은 '토종 한국인' 이
세계인을 꿈꾸는 대한민국의 젊은이들에게

남경 지음

BG 북갤러리

JFK에서 ICN까지

언젠가부터 뉴욕에서 서울까지 가는데 걸리는 14시간의 비행이 수월하지가 않다. 그래서 꾀를 낸 것이, 뉴욕으로부터 캘리포니아로 대여섯 시간을 날아가서 며칠간 재충전을 한 뒤 다시 서울로 향하는 것이다. 그렇게 LA에서 며칠을 보내는 중에, 10년 전 서울에서 같이 일을 시작했던 친한 언니에게 연락을 했더니, 반가워하는 그가 그런다. "도대체 어떻게 지내고 있었던 거야? 너를 보면 꼭 '이상한 나라의 앨리스'가 생각나."

일이라고는, 헤지펀드(hedge funds)와 프라이빗 에퀴티(private equities)로 대변되는 소위 '바이사이드(buy-side)'의 투자 관리업 이외에는 종사해 본 적이 없던 내가 우연한 계기로 집필을 시작하게 됐다. 그러면서 지난 10년간 보고 배우고 느꼈던 점들을 하나하나 되짚어 볼 기회가 생겼고, '이 책을 꼭 끝내서 한국의 젊은이들의 손에 쥐어줘야겠다'는 확신과 의무감이 생겼다. 처음에는 오랜만에 갖는 시간적 여유이니만큼, 지금 한국에 있는 수많은 10년 전의 '나'에게 무엇이든 내가 해줄 수 있는 이야기를 해주자는 심사였다. 지금 막 깜깜한 터널 속으로 들어서서 무작정 달리고 있는 이들에게 터널 반대쪽의 '원더랜드'의 얘기를 해주자고. 자신에게 내재된 '세계인'을 흔들어 깨우고자 하루하루 열심히 살아가는 사람들이라면, 대학생이든지 지금 사회생활을 시작한 새내기 직장인이든지 간에, 그 터널 밖에서 마주하게 될 '이상한 나라'에 대해서 궁금해 하고 불안해 하는 것이 당연한 일이다. 물론 각자가 뚫고 나가야 할 터널은 모두 다르고 터널 밖의 모습도 제각각일 것이다. 마침내 터널에서 나왔다고 생각하는 순간 또 다른 터널이 기다리고 있는지도 모른다. 이 책이 당신에게 앞날에 대한 '정답'을 줄 수는 없겠지만, 각자로 하여금 자신의 정체성과 방향성을 재점검해 보는 계기를 줄 수 있으리라 믿는다.

자, 지금 내 손에 들려있는 항공권에 표시된 종착지는 ICN이지만, 이 책을 집어든 당신이 탄 비행기는 뉴욕의 JFK공항을 향하고 있다. 수도 없이 뉴욕에 와보고, 몇 년간 살아보기도 한 나의 친구들뿐만 아니라, 국내에서 같은 업계에 종사하는 한국 사람들마저 나의 '이상한 나라'에서의 일상에 대해 이것저것 물어

보는 것을 보니, 태평양 넘어 뉴욕이라는 곳에서 헤지펀드 업계
에 종사하는 '토종 한국인'의 삶은 많은 이들에게 있어서 그저
의문점 투성이인가 보다.

  랩탑을 무릎에 올려놓은 채 타이핑을 해대는 나에게 한 승무
원이 눈총을 보내온다. 그리고 흘러나오는 안내방송.

"Ladies and gentlemen, our plane is about to take off.
Please fasten your seat belt, and turn off all your elec-
tronic devices."

  아이폰의 전원을 끄고 랩탑의 화면을 내린다. 벨트를 단단히
맸다면, 이제 책장을 넘겨도 좋다.

N. 뉴욕, 뉴욕

어느 9월의 화창한 날

어느 여유로운 9월의 아침, 뉴욕 맨해튼 남단의 배터리 파크 시티(Battery Park City)라는 동네의 한 아파트에서 잠을 깼다. 거실에 나가 밖을 보니, 저 멀리 남쪽으로 자유의 여신상이 보이고, 파란 하늘과 닿을 듯이 끝없이 펼쳐진 허드슨 강(Hudson River)이 반짝이고 있다. 나른하면서도 상쾌한 아침이다.

대학 졸업 후 2년 넘게 재무기획과 사모투자업에 종사하다가 내가 MBA 취득을 위해 경영대학원 진학을 고민하기 시작하던 2001년, 마침 한 미국계 은행에서 일을 시작한 친한 후배가 연수차 뉴욕에 머물고 있어서 휴가를 내서 방문하고 있을 때였다. '오늘이 무슨 날이더라? 아, 화요일….' 그날 정오에, 출장차 마침 뉴욕에 머물던 또 다른 친구와 월스트리트(Wall Street)의 증권거래소(NYSE) 앞에서 만나기로 해놓은 터라, 휴가 내내 지속되던 늦잠의 유혹을 억지로 뿌리치고는 막 하루를 시작하려던 참이었다.

아무 생각 없이 냉장고를 뒤지다가 오렌지 주스를 꺼내 들고서 TV를 켰는데, 그 당시 케이티 쿠릭(Katie Couric)이라는 미국의 유명 앵커우먼이 동시 진행자 중 하나였던 NBC 방송의 투데이쇼(Today Show)가 방영 중이다. 그런데 평소의 밝고 유쾌한 목소리는 간데없고 유난히 다급하고 긴장된 목소리이다. 그리고는 생중계되기 시작한 충격적인 동영상. 아직 세수도 안한 채로, 한 손에는 오렌지 주스를 또 한 손에는 유리잔을 들고 소파에 걸터앉아 있던 내가 그 순간 한 생각은, '도대체 어떤 바보가 비행기를 빌딩에 들이받은 거야? 사람 다쳤겠네!'

허드슨 강 하늘에는 워낙에 헬리콥터나 개인용 경비행기가 많이 날아다니기 때문에, 나는 어떤 경비행기 파일럿이 실수로 빌딩에 돌진을 했으려니 했다. 긴급뉴스가 지속되는 동안에도, 한쪽 타워에서 시커먼 연기를 내뿜고 우뚝 서 있던 그 거대한 빌딩들이 몇 시간도 되지 않아 허무하게 역사 속으로 사라지리라고는 아무도 상상을 못했을 것이다. 순간 나는, '아, TV로 볼 게 아니라, 요 앞에 나가면 내 눈으로 직접 볼 수 있구나!' 하는 생각에 무슨 특종이라도 잡은 기자마냥, 며칠 전 배달을 받은 새 디지털

캠코더를 손에 들고 부랴부랴 밖으로 나갔다.

　배터리 파크 시티라는 곳이 맨해튼치고는 다소 한적하면서 아파트들이 많이 몰려있는 주거지역인데, 아니나 다를까, 수많은 구경꾼들이 아침부터 길가에 서서는 몇 블록 너머에서 검은 연기를 뿜어내며 서 있는 세계무역센터(WTC)를 올려다보고 있었다. 조깅하던 사람부터, 자전거 타던 사람, 개를 산책시키던 사람, 나처럼 자다가 뛰어나온 사람까지 가지가지이다. 그렇게 서서는 캠코더로 촬영을 하고 있는데, 갑자기 머리 위로 들려오는 엄청난 굉음. 무슨 영화에서나 나올 듯이, 길거리에 서 있던 모든 사람들이 마치 약속이나 한 듯 동시에 하늘로 머리를 치켜들었다. 당장이라도 착륙을 할 듯이 빌딩들 위로 아슬아슬하게 지나가는 비행기. 그 순간, '저렇게 낮게 날면 위험한데…' 하며 의아해 하던 내가 이 혼란한 상황을 제대로 접수하기도 전에… "쿠콰콰콰쾅…!!!"

　태어나서 절대 상상도 해보지 못했던, 꿈에서라도 다시 들을까 두려운 엄청난 굉음. 순간 본능적으로 반대쪽을 향해 내달리기 시작하는 사람들과 그들의 겁에 질린 비명들. 그 이후로 몇 시간 동안 이어진 혼란과 공포는 그날 이 도시에 있었던 사람이 아니라면 상상하기 어려울 정도였다.

　나의 한 미국인 친구는 바로 그 순간에 호주에서 휴가를 즐기고 있었던 이야기를 한 적이 있다. 시드니의 한 시끄러운 스포츠 바에서 술을 마시던 그는 바 전체를 둘러싸고 있던 커다란 플라즈마 TV 화면들이 갑자기 확 바뀌더니, 연기를 뿜어내는 트윈타워의 이미지로 한 순간에 도배가 되는 것을 보고 충격을 받았던 얘기를 한다.

그뿐만 아니라, 십년 이상을 뉴욕에서 살아온 사람들이라면 대부분이 이 비극적인 사건에 대해 개인적인 충격과 상처들을 가슴 깊이 품고 살아가고 있다.

이제는 꽤 오랜 시간이 지나, 사실은 한동안 잊고 지냈음에도 불구하고, 나에게도 2001년 9월의 그날은 다시 끄집어내어 기록하기에 너무 아프고 충격적인 기억들로 남아있다.

그 하루 전까지만 해도, 나의 뉴욕에서의 휴가는 비슷한 일상의 반복이었다. 전망 좋은 아파트에서 늦은 아침에 잠에서 깨면, 제일 먼저 하는 일이 허드슨 강가를 따라서 느긋하게 산책을 하는 것이었다.

하늘하늘 여유로운 바람이 부는 강가의 조깅코스를 따라 세계금융센터(World Financial Center)에 닿으면, 그곳 1층에는 우리에게도 익숙한 스타벅스가 있는데, 거기에 들러 커피 한 잔을 사서는 방향을 틀어 세계무역센터로 향한다. 한 손에는 커피를 든 채로, 하늘에 닿을 듯이 겁 없이 치솟아 있는 그 거대한 트윈타워들의 중간쯤 서서 하늘을 올려다보면, 표현하기 힘든 경외심과 더불어 알 수 없는 설렘마저 느껴지곤 했다. '어떻게 저렇게 높이까지 세울 수 있었을까…? 저 맨 꼭대기에서 내려다보면 어떤 기분일까?' 목이 뒤로 넘어갈 듯이 한참을 그렇게 서서 올려다보고 있노라면, 저 위에만 올라가면 세상에 두려울 게 없을 것처럼도 느껴졌다.

지금처럼 몇 년 내내 먼지가 날리고 소음이 무성한 공사판이 되어 버리기 전에는, WTC도 국제도시들의 여느 고층 빌딩들처럼, 지하에는 온갖 상점들이며 음식점 등이 자리하고 있고, 아침 저녁이면 출퇴근 하는 사람들의 발걸음으로 생동감이 넘치는 그런 곳이었다. 한 쪽 타워의 꼭대기에는 '세계로의 창문(Windows On The World)' 이라는 전망 좋은 레스토랑도 있었는데, 그게 그렇게 금방 사라져 버릴 줄 알았다면, 그 하루 전이던 비가 쏟아지던 월요일 저녁에라도 기꺼이 올라가 볼 것을….

그렇지만, 일어나지 않은 일을 아쉬워하는 것이 무슨 의미가 있을까. 땅을 디디고 서서 하염없이 올려다보던 그 여운이 지금은 더 소중하다.

9년이 지난 지금, 나는 다시 여기에 있다. 월스트리트를 끼고 있는 금융지구(Financial District)와 배터리 파크 시티 사이에 위치한, 또 다른 맨해튼의 고층 아파트. 집에서 나와 두어 블록을 북쪽으로 걸으면, 이제는 사람들이 그라운드 제로(Ground Zero)라 부르는 그 거대한 공사판이 있다. 그 주변은 낮이고 밤이고 그걸 보겠다고 전 세계에서 온 관광객들로 붐빈다. 그게 뭘 또 보기 좋은 광경이라고 그 앞에 서서 포즈를 취하고 카메라 셔터들을 눌러대고 난리도 아니다.

며칠 전 밤에는 집에 돌아오는 길에 지나가며 보니, 자정이 넘은 시간인지라 간만에 한산하다. 사이트를 빙 둘러싸고 높이 쳐져 있는 철조망 사이로 가만히 들여다보니, 내가 예전에 서서 올려다보기 좋아하던 그 자리가 어디였는지 모르겠다. 문득 생각해 보니, 다시 이렇게 가까이 와 있다는 것이 새삼 신기하게마저 느껴진다.

지금 살고 있는 곳이 뉴욕에서의 다섯 번째 집. 거실에서 커튼을 젖히면 배터리 파크가 내려다보이고, 맨해튼 남쪽에 자리한 가버너 섬(Governors Island) 그리고 그 뒤 쪽으로 날렵하고 여성스러운 모습을 하고 서 있는 베라자노 네로우 다리(Verazzano-Narrows Bridge)도 보인다. 밤이 되면 이 다리가 초록색 빛으로 아름답게 밝혀지는데, 이를 배경으로 허드슨 강 위를 지나가는 유람선들은 로맨틱하게마저 보인다.

며칠간의 폭우가 멈추고 잠깐 맑게 개었던 요 며칠간은, 낮이면 허드슨 강이 반짝 반짝 빛나면서 오래 전에 내가 왜 이 도시와 처음 사랑에 빠졌었는지를 상기시켜 준다. 수년 전 화창하던 그 9월의 아침처럼.

두 번째 고향

몇 년 전부터 나는 뉴욕을 제2의 고향이라고 부른다. 유학 오기 전에도 여러 번 방문을 했고 워낙에 좋아하던 도시이기도 했지만, 혼자 살아보고 나서야 마침내 진정한 성인이 된 나로서는 뉴욕으로 이사를 오고 나서 애착이 더 강해진 것 같다. 서울에서 살 때는 아무래도 부모님과 함께 살다보니, 어릴 때부터의 오래된 습관으로 많은 것들을 가족들에게 의존하고 당연시여기며 살았었다. 아침저녁 식사부터해서 빨래며, 청소며 나는 항상 학교와 직장 때문에 바쁜 사람이니까 책임지지 않아도 되는 것이고, 마치 무슨 벼슬이나 하는양 굴 때도 있었다.

2003년 이곳으로 이사를 와서, 난생 처음으로 나만의 '집'이 생겼는데, 이건 말이 집이지 캠퍼스 근처에 위치한 학교 아파트 빌딩 내의 작은 스튜디오(우리말로 원룸 내지는 오피스텔 같은 형식의 아파트)였다. 한 400스퀘어 피트(대략 10평) 정도 되는 작은 공간에 간단한 가구가 갖춰져 있었는데, 처음에는 나만의 집이 생겼다는 것만으로도 신이 나서 바닥에 까는 러그며, 샤워 커튼이며, 수건 등을 가지가지로 사다 놓고는 혼자 얼마나 즐거워했는지 모른다.

빌딩 지하에는 학생들이 내려와서 쉴 수 있는 라운지와 스터디룸 그리고 커다란 공용 세탁룸 등이 있었는데, 새 집에 들어온 후 처음 내 손으로 내 빨래를 했던 날, 세탁기도, 건조기도 집에서 쓰던 것과 달라서 뭘 잘못 누르지는 않았나 조마조마하던 기억, 그리고 마침내 따끈따끈하게 건조되어 나온 깨끗한 수건과 옷가지들을 집어 들었을 때 느꼈던 그 뽀송뽀송함과 뿌듯함은 지금도 꼭 어제 일인 양 생생하다.

경영대학원에 진학을 한 후 처음 한동안은 학교생활이 워낙 바쁘기도 하고 새로운 환경에 적응하느라 정신이 없어서 서울이 그리울 틈이 별로 없었다. 원래 MBA 프로그램을 시작하는 많은 학생들이 첫 학기를 가장 힘들어 하는데, 아직 요령이 덜 생겨서 그런지 단순히 읽기만 하면 되는 숙제도 시간이 한참 걸리고, 그룹 숙제를 할 때에도 팀 멤버들과의 진행이 더뎌지거나 크고 작은 충돌이 많이 생기기도 한다.

한밤중에 팀 미팅을 마치고, 세로로 쭉 뻗어있는 브로드웨이에서 암스테르담 애비뉴까지 깜깜한 캠퍼스를 터벅터벅 가로질러 걸을 때면 '내가 왜 이 낯선 곳에 혼자 와서 이러고 있지?' 하는 생각이 문득문득 들기도 했다. 그러고는 쥐 죽은 듯이 고요한 아파트에 들어와 괜히 TV를 켜놓고는 이메일을 확인하고, 다음날 수업과 일정을 다시금 체크해 보고는 마침내 지쳐서 잠이 드는 날들의 연속이었다.

처음 몇 달간은 꿈에서 집이 나오고 식구들이 나올 때가 많았다. 그런데 내가 대학생 때부터 뉴욕에 오기 전까지 살던 그 집이 아니라, 꼭 어릴 때부터 줄곧 자라난 예전의 집이 나오곤 했다. 어떤 때에는 꿈속에서, 뉴욕의 집이 있는 모닝사이드 하이츠(Morningside Heights)에서 1번 지하철을 타고는 하염없이 내려가다가 어느새 서울의 압구정동에 도착해 있다. 그리고는 친구들을 만나 카페에도 가고 수다도 실컷 떨다가, 해가 뉘엿뉘엿 넘어갈 즈음이면 급하게 버스를 잡아타고는 뉴욕의 집으로 돌아온다. 잠에서 깨면 내가 지금 어디 있는 건지 잠시 동안 기억이 가물가물하다.

외국에 나와서 사는 많은 이들이 처음에 살기 시작한 동네에 깊은 애착을 갖게 되는 것 같다. 그래서 그런지 나의 대학원 동기들 중에는 7년째 맨해튼의 어퍼 웨스트 사이드(Upper West Side)라는 동네에 살고 있는 이들이 많다. 학교의 캠퍼스가 이 어퍼 웨스트 사이드의 북쪽이자, 맨해튼 꼭대기를 차지하고 있는 할렘(Harlem)의 아래쪽에 위치한 관계로, 많은 이들이 처음에 이사를 와서는 맨해튼의 70번가에서 120번가 사이에서 사는 경우가 많았다.

학교를 졸업하고 나서는 직장에 따라서 많은 이들이 이 동네를 떠났는데도, 뉴욕 내에서 일을 시작하는 친구들 중에는 여전히 어퍼 웨스트 사이드를 고집하는 이들이 꽤 있었다.

나의 경우에는 달랐다. 첫 학기부터 졸업할 때까지 살기로 계약이 되어 있던 캠퍼스 주변의 아파트에서 8개월 정도를 살고 나서 '더 이상은 못살겠다' 하는 생각이 들었다. 내가 살던 아파트는 학교에서 운영하는 아파트 중에서도 가장 새로 지은 건물이라 보안이 확실하고 시설도 깨끗하고 좋은 편이었지만, 왜 그런지 나는 매일 왔다 갔다 하는 등하교 길이 마냥 낯설기만 하고, 내가 사는 아파트도 그렇게 갑갑할 수가 없었다. 그래서 무리를 해서 계약을 깨고는 밤낮으로 사람들로 붐비는 타임스퀘어 근처로 이사를 했다.

그 이후로 세 번의 이사 끝에 점차적으로 맨해튼 남단으로 옮겨와서 결국에 지금 사는 곳이 바로 세계무역센터가 위치해 있던 곳에서 몇 블록 떨어지지 않은 배터리 파크 시티 근처이다. 수년이 흘러서 이곳 생활에 익숙해져서이기도 하겠지만, 지금 사는 곳은 묘하게도 오랫동안 살아온 동네처럼 안정감을 느끼게 한다.

내가 태어나고 자라난 집 그리고 서울이라는 곳은 꿈에서나마 어느 때고 드나들 수 있는 변함없는 나의 고향이다. 내 몸은 거기에 있지 않지만, 행여나 안 좋은 뉴스라도 들리면 하루 종일 일이 안 잡히고, 그러지 않으려고 해도 한숨이 나오고, 지금 당장 내가 할 수 있는 것이 없다는 사실이 안타까운, 그런 곳이다.

반면에, 지금 있는 뉴욕은 말하자면 내게 있어 입양한('adopt-ed') 고향과도 같다. 지난 수년간 나에게 많은 기회와 경험과 깨달음을 준 곳이고, 내가 마침내 세상에 눈을 뜨고 더 크게 볼 수 있게 가르친 곳이다. 예전에 영화나 TV 속에서만 보던, '성공'을 상징하는 머나먼 태평양 건너의 화려한 도시가 아닌, 나에게 있어 지극히 개인적인 의미로 와 닿는 곳이다. 이제는 가족들이 있는 서울보다도 때론 더 편하고 익숙한 곳, 의식적으로라도 노력을 해서 작게나마 무언가를 기여하고 싶은, 그런 곳이다.

뉴욕의 이방인들

I don't drink coffee. I take tea my dear.

I like my toast done on one side.

And you can hear it in my accent when I talk.

I'm an Englishman in New York.

......

I'm an alien I'm a legal alien.

I'm an Englishman in New York.

나는 커피를 마시지 않아. 차를 마시지.

나는 토스트의 한 쪽만 굽지.

그리고 내가 말할 때 억양을 들으면 알 거야.

나는 뉴욕의 영국인.

……

나는 이방인. 나는 합법적인 이방인.

나는 뉴욕의 영국인.

2008년이었던가. 영국계 싱어송라이터(singer, songwriter)인 스팅(Sting)이 '폴리스(The Police)'라는 그룹에서 함께 활동하던 예전의 멤버들과 함께 Reunion Tour(재결합 콘서트 투어)를 가졌다. 그 투어의 마지막 공연이 있던 뉴욕의 매디슨 스퀘어 가든에서 친구와 콘서트를 관람했는데, 리드싱어인 스팅은 물론이고 머리에 헤드밴드까지 쓰고 땀을 뻘뻘 흘리며 스틱을 휘둘러 대는 드러머 스튜어트 코플랜드(Stewart Copeland) 또한 지금의 나이가 의심스러울 정도로 대단한 열정을 뿜어내는 것이 무척 감동적이었다.

스팅이 솔로로 데뷔를 하고 난 후 발표했던 1987년 앨범 'Nothing Like the Sun(태양과 같은 게 없지)'에 수록된 노래 중에 'Englishman in New York(뉴욕의 영국인)'이라는 노래가 있는데, 어딘지 모르게 허무하고 서글프면서도 리드믹한 멜로디가 좋아서 나도 가끔씩 흥얼거리곤 하는 노래이다. 이 노래는 '뉴욕의 영국인' 퀜틴 크리스프(Quentin Crisp)라는 유명한 영국의 작가가 런던에서 맨해튼 다운타운의 바우리(Bowery)라는 동네로 이사 온 지 얼마 안 되었을 때, 스팅이 그를 대상으로 만든 노래이다.

이 퀀틴이라는 사람이 뉴욕으로 옮긴 후에 농담으로 스팅에게 이런 이야기를 했다고 한다. 이 나라에서 법을 어겨도 강제로 쫓겨나지 않도록 하루 빨리 미국 시민권을 받을 날을 기다린다고. 물론 퀀틴은 농담으로 한 이야기이지만, 뉴욕으로 이사 온 수많은 외국인들은 갑작스런 문화적, 사회적인 정체성의 혼란뿐만 아니라 법적인 지위(시민권, 영주권 소지 여부 등)에 대한 불안을 느끼며 사는 경우가 많다. 그래서 아이러닉하게도 '나는 뉴요커'라는 정체감은 금방 형성하면서도 국적만큼은 여전히 외국인인, 말하자면 '이방인'으로서 살아가는 사람을 흔히 볼 수 있다.

뉴욕으로 이사를 오고 얼마 지나지 않아 있었던 일이다. 길을 걸어 가다가, 간단히 끼니를 해결하려고 간판이 익숙해 보이는 서브웨이(Subway)라는 샌드위치 가게에 들어섰다. 사람들이 줄을 서서 주문을 하고 있는데, 메뉴판을 보니 뭐가 뭔지 잘 모르겠다. 주문대 옆에는 샐러드 바같이 생긴 것이 있고, 토마토며 치즈며 여러 가지 내용물들이 칸칸이 따로 담겨져 늘어져 있다. 앞에 선 사람들이 주문을 마치고 내 차례가 되었는데, 사실 한국에서도 한 번도 안 가본 가게라 뭘 주문해야 할지 모르겠다.

메뉴판을 보고는 '무슨 무슨 샌드위치' 하고 아무 이름이나 댔더니 주문을 받아서 샌드위치를 만드는 키 작은 멕시코 남자가 "and what?"이라고 묻는다. '그리고 또 뭐?' 하고 의아해 하던 내가 메뉴판을 가리키며 그 샌드위치 이름을 다시 대자, 이 남자가 더 성급한 목소리로 똑같이 되묻는다. "그리고 또 뭐??" 재빠르게 움직이던 줄이 나로 인해서 몇 분째 멈춰 버렸다. 당황한 내가 메뉴판을 가리키며 "그냥 저 샌드위치 달라니까요?" 하니까, 이 사람이 아주 기가 차다는 듯이 한숨까지 내쉬며 나를 노려본다. 오히려 짜증이 나야 할 손님들은 나를 안쓰러운 듯이 바라보고 있는데, 이 점원은 무례하기 그지없다. 내가 마침 학생 차림을 하고 있어서 어려보이기도 했을 터이고, 물정을 모르는 듯하니 만만해 보이기도 했나 보다.

내 뒤에서 줄을 서서 기다리던 한 상냥하게 생긴 여자가 보다 못해 그런다. "그 샌드위치에 무엇무엇을 넣고 싶은지, 요 앞에 재료가 담겨있는 칸에서 골라서 얘기를 하세요." '아차…' 하고는 이것저것 급하게 골라서 마침내 주문을 하는데, 이 멕시코 남자는 뭐가 그렇게도 성질이 나는지 끝까지 나를 노려보고 있다. 마침내 그가 '탁' 하고 내어놓은 샌드위치를 받아들고 가게 문을 나서는데 그게 그렇게 서러울 수가 없었다. 멀리 남의 나라에 유학을 가본 사람이라면 혼자서 부딪혀서 해결해야 할 일들이 한두 가지가 아니고 서럽다면 서러울 일도 많이 있는데, 그렇게 대놓고 '외계인' 취급을 당한 것은 솔직히 그때가 처음이었던 것 같다.

마침 밖에는 또 비까지 추적추적 내리고 있는데, 그 샌드위치를 한 손에 들고 한 손에는 우산을 들고 거리를 걸어가면서 나도 모르게 눈물이 나왔다. 눈물을 닦을 생각도 안하고 어린 아이마냥 그렇게 한동안 터벅터벅 비오는 거리를 걸었다. 그때와 지금을 비교해 볼 때 크게 달라진 것이 있다면, 이제는 누가 나에게 무례하거나 쌀쌀맞게 굴어도 그러든 말든 상관 안하거나 그냥 한 번 웃어주고 넘어가는 것이고, 변하지 않은 것이 있다면, 아직도 서브웨이 가게에서 무슨 샌드위치를 파는지, 어떻게 주문하는지도 모른다.

한국에서도 웬만한 식당에 가면 특이한 억양으로 한국말을 하는 조선족들이 서빙을 하고 있는 경우가 많은데, 미국에는 바로 이웃나라인 미국에서의 '아메리칸 드림'을 꿈꾸며 국경을 건너와서 사는 멕시코인들이 바로 그런 경우이다. 식당에서 음식을 나르거나 청소를 하거나 배달을 하는 사람들은 거의 대부분이 멕시코인들이다. 이 사람들은 영어를 제대로 구사하는 경우가 드물어 대부분 의사소통이 별로 필요 없는 단순 업무에 종사하는 경우가 많다. 이들 중에 불법 체류자들도 상당수인데, 워낙 인건비가 적게 드니, 알게 모르게 멕시코 사람들을 불법으로 고용해서 영업을 하는 업주들이 많은 것이 현실이다.

처음 뉴욕에 왔을 때에는 이런 상황을 잘 이해하지 못해서, 슈퍼마켓이나 식당에서 뭐가 궁금한 것이 있으면 바로 눈앞에서 걸레질을 하고 있는 이 멕시코 사람들을 붙잡고 이것저것 물어보곤 했는데, 영어를 잘 못하는 이들이 그저 말없이 어색한 웃음을 지으면서 난처해해서 어리둥절했던 적이 한두 번이 아니다.

배달을 하는 것도 단연 멕시코 인부들의 몫이다. 아무래도 맨해튼에 살면서 일하는 젊은 사람들은 집에서 요리를 해서 먹기보다는 외부에서 주문을 해서 먹는 경우가 많은데, 몇 번 배달을 시켜보니 알게 된 바가 있었다. 1인분이든 2인분이든 집에서 몇 블록 내에 위치한 음식점이라면 거의 대부분이 배달을 해주는데, 이때 음식을 날라 오는 사람들이 열에 아홉은 젊은 멕시코 남자들이다. 보통 십대 정도로 보이는 젊은 청년들인데, 음식을 주문한 손님들은 음식 값의 10~20퍼센트 정도를 배달 온 사람에게 팁으로 붙여 주는 것이 상례이다. 20불어치 음식을 시키면 3~4불을 팁으로 덧붙이는 것인데, 예를 들어 내가 30불을 주면서 “7불만 돌려 달라” 또는 “6불만 돌려 달라” 하고 얘기를 하면 상대가 자신이 팁을 얼마나 받는지를 알게 되는 것이다. 그런데 문제는 이런 경우에 한결같이 되돌아오는 답이 있다. “잔돈이 없다” 또는 “5불짜리밖에 없다”는 것이다. 그러면 지불하는 사람의 입장에서는 배도 고프고 귀찮기도 하고 해서 “그냥 됐다” 하고 몇 불을 더 얹혀준 셈치고 돌려보내게 된다. 처음 한두 번은 그냥 ‘잔돈이 없나보지’ 했는데, 여러 번 배달을 시켜보니, 이건 배달 오는 사람마다 하나같이 잔돈이 없단다. 여러 다른 음식점에서 시켜도, 그래서 매번 다른 사람이 배달을 와도, 약속이나 한 듯이 돌아오는 대답이 똑같다.

그러다가 어느 날은 또 음식을 시켰는데, 한 열다섯 살도 안 돼 보이는 아이가 배달을 왔다. 물론 잔돈이 없단다. 의심스러운 눈총을 보내니, 한 번 더 주머니를 뒤져보는 시늉을 한다. 정말 없단다. 그렇다고 그냥 보내면 20~30퍼센트를 팁으로 주는 꼴이 되는데, '더 이상은 못 당해!' 하는 생각이 들었다. 기어코 화가 치밀어 "잠깐, 기다려!" 하고는 옷을 하나 걸쳐 입고 문 밖으로 나오니, 이 친구가 대뜸 놀란 표정이다. 반은 겁에 질린 얼굴, 반은 무언가 찔린 듯한 얼굴이다. 단호하게 걸어 나와서 내가 먼저 엘리베이터로 향하니, 조심조심 말없이 따라온다. 집에서 거의 잠옷 차림으로 있던 터라, 그 추운 날씨에 집 밖에까지 나와 차도를 건너서는 길 건너의 가게로 향하는 나는 화가 머리끝까지 치민다. 그리고는 괜히 가게에 들어가서는 먹지도 않을 캔디 같은 것을 사가지고는 잔돈을 거슬러 받았다. 그러는 내내 이 멕시코인 친구는 가게 문 밖에서 고개를 떨구고 기다리고 있다. 내가 가게 문을 나와서 원래 계산한 대로 2~3불만 팁으로 얹혀서 지불을 하자, 마침내 이 친구가 개미만한 목소리로 입을 연다.

"I'm so, sorry….."

그 순간, '아차…' 하는 생각이 들었다. 추운 밤바람에 정신이 들었던 것인지, 마침내 들여다 본 그 어린 친구의 눈빛이 나의 가슴 속 한 구석을 건드렸던 것인지, 갑자기 '내가 지금 뭐하는 거지?' 하는 생각이 들었다. 1~2불을 더 보태준다고 내가 파산하는 것도 아닌데…. 매일 점심시간이면 맨해튼 중심가의 터무니없이 비싼 델리에서 15불이고 20불이고 고스란히 지불을 하고 점심을 사먹으면서, 왜 먹지도 않을 캔디를 돈 주고 사면서까지 그 아이에게 줄 팁을 아끼려고 했던 걸까? 내가 누구에게 무엇을 증명하려고 했던 거지….

추측컨대 어느 지역, 어느 나라에서나 이런 비슷한 상황이 많이 연출될 것이다. 홍콩의 상황을 잘 아는 사람들이라면 홍콩의 가정집들에서 고용되어 일하는 ‘도우미’들이 대부분 필리핀 사람이라는 것을 기억할 것이다. 홍콩에 파견 나와서 일을 하는 전문직의 외국인들(expatriates)의 경우, 특히 집에 아이들이 있는 경우에는 한 집에서 두세 명의 가정부들을 두고 살기도 한다. 그래도 전혀 무리가 없을 만큼 인건비가 싸기 때문에 가능한 이야기인데, 가족을 멀리에 두고 홀로 타지에 와서 남의 집 ‘하인’과 같은 삶을 사는 이 도우미들의 사정은 처량하기도 하다.

매주 일요일만 되면 그 좁고 북적대는 홍콩의 거리들이 젊은 필리핀 여인들의 소풍지로 돌변한다. 습하고 지저분한 거리에 자리를 깔고는 삼삼오오 모여앉아 담소를 나누며 도시락을 먹기도 하고 카드놀이를 하기도 한다. 때로는 누구의 생일잔치라도 하는 것인지, 열 몇 명은 족히 될 듯한 필리핀 여인들이 둥글게 모여서서는 손을 잡고 노래를 하는 모습도 드물지 않게 보인다. 요즈음에야 다들 휴대폰이 있으니까 그렇지 않겠지만, 십여 년 전에만 해도 일요일 오후만 되면 이런 필리핀 여인들이 먼 고향집에 전화를 하기 위해 공중전화 부스에 줄줄이 늘어서서 차례를 기다리고 있는 모습도 많이 볼 수 있었다.

어느 일요일은 홍콩의 비즈니스와 쇼핑 중심가인 센트럴(Central)지구의 거리를 걷다가 한 이태리 명품 가게 앞에서 문을 가로막고 모여 앉아있던 필리핀 여인들을 보면서, 당장이라도 가게 점원이 나와서 내쫓기라도 할 것 같아 괜히 불안했던 기억도 난다. 물론 20여 년 전 낯선 뉴욕으로 이사했던 퀸틴 크리스프는 남이야 뭐라 건 '나는 뉴욕의 영국인' 이라고 담담하게 노래할 수 있었겠지만, 생계에 쫓겨서 합법적으로든 불법으로든 잘 사는 남의 나라에 와서 이방인으로서 살아야 하는 많은 사람들의 삶은 서럽고 고단한 일상의 연속이리라.

얼마 전 미국의 애리조나 주에서 새로운 이민단속법이 통과되면서 그 내용이 많은 사람들 사이에서 논란의 대상이 되었는데, 그 이후로 한동안 이 법안에 반대하는 서명운동이 지속되고 오바마 대통령마저 공식적으로 법안을 비난하고 나서기도 했다. 이 법안은 미국 내 불법 체류를 주범죄로 규정하고, 경찰에 불법 체류자라는 의심이 드는 사람의 체류신분을 확인할 수 있는 권한을 부여하는 내용이다. 이 불법 체류자의 문제는 미국에서 공공연히 논란의 대상이 되어 왔으나, 외교상 그리고 인권 문제에 있어서 민감한 이슈이기도 하고, 현실적으로 이들을 찾아내고 법적으로 처벌하기도 매우 애매한 것이 사실이다.

하다못해 얼마 전에는 브루클린의 길가에서 살인사건이 일어났는데, 정황으로 볼 때 당연히 있어야 할 목격자들이 단 한명도 나타나지 않아 골머리를 썩인 적이 있다. 이유는 바로 그 일대에 밀집해 있는 푸에르토리코 사람들이 자신이 불법 체류자라는 사실을 들킬까봐 아무도 경찰서에 자진 출두하지 않으려 했기 때문이다. 그래서 경찰 측에서는 목격자로 나서면 거주 상태의 합법성 여부를 묻지 않겠다고 선언까지 했으나, 역시 나서는 자가 없었다. 이런 상황에서, 멕시코와 국경을 가장 가깝게 접하여 워낙에 남쪽으로부터 몰래 넘어 들어오는 불법 체류자가 많은 애리조나 주에서는 불법 체류자들을 '범죄자' 로 규정하여 의심이 가는 이들을 누구든지 심문하도록 하는 법안을 통과시킨 것이다. 말하자면, 단지 라틴계처럼 생겼기 때문에 또는 영어를 잘 구사하지 못하거나 심한 억양을 가지고 있기 때문에 등등의 불공정한 이유로 아무 죄 없는 사람까지도 붙잡고 취조를 하도록 허락하겠다는 얘기이니, 미국의 이민자 사회에서 들고 일어난 것은 당연한 일이다.

내가 글을 쓰고 있는 이 순간까지도, 이 애리조나의 이민법 문제로 올해 들어 더더욱 대두된 불법 체류자 문제는 각종 언론에서 매일같이 예민하게 다루고 있는 '뜨거운 감자' 이다. 나부터도 수년간 미국에서 살면서 이민자들이 일상생활 속에서 겪는 고충을 알고 나서야, 7년 전의 그 서브웨이 샌드위치 가게의 점원이 좀 이해가 갈 듯도 하다. 수많은 불특정 다수의 사람들에게 불법 체류자라는 의심의 눈초리를 받으며 마냥 이방인처럼 살아가면서 가슴 속에 쌓아온 분노와 원망을 그 흔한 샌드위치 가게에서 주문도 할 줄 모르는 진정한 '이방인'이었던 나에게 쏟아 붓고 싶었었던 것일까.

　다국적의 다민족들이 모여 사는 미국이라는 나라 자체가 그렇기도 하지만, 특히 뉴욕이라는 곳은 그러고 보면 참 미묘한 곳이다. 국적은 다를지라도 모두가 똑같이 자랑스러운 '뉴요커'이면서도, 동시에 서로에게 끊임없이 의심의 눈초리를 던지며 살아가는 완전한 이방인일 수 있는.

Gossip Girl

한국에서도 인기리에 방영되었던 뉴욕을 배경으로 한 TV 쇼들 중에서 '프렌즈(Friends)'나 '섹스앤더시티(Sex And The City)'를 많이들 기억할 것이다. 뚜렷한 수입원도 없이 맨해튼의 널찍한 아파트에 모여앉아 허구한 날 노닥거리는 여섯 명의 친구들의 일상생활을 코믹하게 그려낸 프렌즈. 소위 '잘 나가는 뉴요커'인 네 명의 30대 싱글녀들의 라이프스타일을 드라마틱하면서도 화려하게 포장해 낸 섹스앤더시티. 그 TV 쇼가 막을 내린 것은 어느새 수년전 얘기고, 기대를 안고 제작된 영화마저 어느새 두 번째 편이 개봉되었다.

섹스앤더시티 2편의 레드카펫 프리미어가 열리던 한 월요일 저녁, 뉴욕 미드타운의 라디오시티뮤직홀(Radio City Music

Hall) 앞에는 이 네 명의 중년 여배우들을 보고자 엄청난 인파가 모여드는 바람에 근처를 지나가는 것조차 불가능할 정도였다.

나도 한국에서 이런 TV 쇼들을 보면서 뉴욕에서의 삶을 꿈꾸던 때가 있었다. 하지만 막상 와서 살아보면, 실제로 이런 TV 속 주인공들 같은 삶을 사는 사람들은 많지 않다는 것을 금방 알게 될 것이다. 대부분의 사람들에게 있어 뉴욕의 삶은 그저 다른 도시에서의 현실일 뿐이니.

최근에는 맨해튼의 대표적인 부촌인 어퍼 이스트 사이드를 배경으로, 한 사립 고등학교에 다니는 남녀주인공들 사이에서 일어나는 사건사고와 갈등을 적나라하게 그려낸 가십걸(Gossip Girl)이라는 TV 쇼가 엄청난 인기를 끌었다. 나도 처음 몇 개의 에피소드를 보다가 중독이 되어 첫 번째 시즌 DVD를 몽땅 빌려서 단숨에 본 기억이 있는데, 이 가십걸이라는 TV 쇼가 탄생하기까지의 과정이 흥미롭다. 본래 인기소설 시리즈로 2002년에 처음 출간되었던 동명의 책이 수년이 지난 후, 휴대폰의 대중화와 더불어 페이스북(Facebook), 트위터(Twitter) 등을 선두로 한 소셜 네트워킹(social networking)의 일반화라는 시기적인 상황과 잘 맞아 떨어져서, 마침내 TV 시리즈로 탄생한 것이다. 작가 자신이 어린 시절에 부유층의 자제들이 많이 다니는 맨해튼 어퍼 이스트 사이드의 나이팅게일(Nightingale-Bamford School)이라는 사립학교에 다녔던 경험을 소설의 바탕으로 한 것인데, 가십,

즉 '뒷담화'에 죽고 사는 예민한 고등학생들의 이야기를 다소 자극적으로 엮어내어 크게 인기몰이를 했다.

얼마 전에 세 번째 시즌이 마감을 했는데, 시즌 프리미어가 있기 전에 한창 새로운 에피소드들이 촬영 중일 때에는, 이 젊은 배우들이 실제로 도시의 곳곳에 출몰하여, 보는 이에게 또 다른 흥밋거리를 제공해주기도 했다.

한번은 대학원 졸업 후 캘리포니아로 이사를 간 한 친한 친구가 뉴욕에 며칠 놀러 왔는데, 맨해튼 다운타운의 한 일본 레스토랑에서 저녁을 먹던 그가 난데없이 나에게 문자메시지를 보내온다. "삐리릭" 하는 신호음과 함께 온 단문의 메시지, "'가십걸'의 바람둥이 '척'이 지금 '노부(Nobu)'에 있어. 내 바로 옆 테이블에!" 그리고 잇따라 날아든 다음 메시지. "내가 자꾸 쳐다보니까 그의 여자 친구가 지금 나를 째려보고 있어. 하하."

또 다른 어떤 주말의 저녁에는 한 친한 후배에게서 느닷없이 문자메시지가 온다. "언니, 제 옆 테이블에 가십걸의 '네이트'가 앉아 있어요. 실제로 보니 더 멋있어!"

그 드라마 안에서는 '가십걸'이라는 별명으로만 알려진 한 신비로운 여인이 여러 명의 익명의 소식통에게서 따끈따끈한 가십거리들을 문자메시지로 제공받아 곧바로 자신의 블로그에 올리는데, 이 블로그에 올라온 내용들이 순식간에 수백 명의 학생들의 눈과 귀로 들어감으로써 주인공들 사이에 오해와 갈등의 씨앗으로 작용한다.

우스운 얘기지만, 이제 대부분이 30대 초중반인 나의 친구들도 '어디어디서 누구를 보았다'고 흥분하며, 마치 무슨 고등학생처럼 여기저기에 문자메시지를 날리거나 자신의 페이스북이나 트위터 등에 올리는 것을 보면, 같은 뉴욕을 배경으로 했어도, '프렌즈'의 20대 청춘남녀들이나 '섹스앤더시티'의 30대 싱글녀들의 라이프스타일은 이제 한물 간 게 아닌가 싶다.

뉴욕이라는 도시에서 사는 것이 멋있는 이유 중의 하나가 여기저기에서 종종 예기치 않게 각계의 인사들을 마주치게 되기 때문이라고 해도 과언은 아닐 것이다. 유명한 주방장이 되었건, 음악가가 되었건, 저널리스트 또는 저명한 학자가 되었건, 이 도시는 사람들에게 종종 짧게나마 놀라운 만남들을 선사하곤 한다.

세계적인 팝가수이며 영화 속의 스타들을 직접 보는 것이 재미있는 일이기는 하지만, 나를 '가십걸'의 소식통으로 돌변시켜 실시간으로 여기저기에 텍스트 메시지를 보내고픈 충동을 일으키는 사람들은, 재활원을 들락날락하다가 이미지 관리하느라 간만에 멋지게 차리고 나온 팝스타들이나 한창 유명세를 타기 시작한 신예 배우들이 아니다. 나로서는 대학원을 다니면서 또는 일과 관련된 행사들에 참가를 하면서 굴지의 기업인들이나 투자의 달인들 또는 존경받는 정치나 경제계 인사들을 코앞에서 보기도 하고 실제로 만나 악수도 해볼 수 있는 기회를 갖는 것이 무척이나 신나는 일이었다.

여기저기에서 각종 컨퍼런스나 기금모음 행사 또는 연례만찬 등이 자주 열리고, 전 대통령이나 현직 정치인들이 초대되어 연설을 하는 경우도 많은데, 얼마 전 있었던 한 헤지펀드 관련 컨퍼런스에서는 드물게 빌 클린턴 전미 대통령이 연사로 초빙되었다. 클린턴 전 대통령이 연설하는 것을 들어본 사람들은 하나같이 그의 물 흐르는 듯한 언변에 감탄을 한다. 신이 난 내가 이 컨퍼런스에 참가하기 위해 어느 날 등록을 하려고 웹사이트에 들어가 보니, 역시나 참가자들이 넘쳐나는 바람에 본래 예정보다 일주일 전에 등록이 마감되어 버렸다.

각 분야의 세계적인 인사들이 모여 있는 관계로, 많은 이들이 한없이 동경하고 꿈꾸며 살아갈 수 있는 도시가 바로 뉴욕이다. 영화나 예술, 정치, 경제 분야가 아니어도, 자신에게 한없이 어필하는 무언가를 누구든지 적어도 한 가지씩은 찾아낼 수 있다.

바로 얼마 전에는 토요일 오전부터 한 친한 후배에게서 또 문자가 날아들었다. "마리오 바탈리(Mario Batali)가 유니온 스퀘어(Union Square)에서 지금 출판기념 북사인회를 하고 있어요. 저도 책 한 권 샀는데, 언니도 나올 수 있으면 나와요!" 아직 늦잠에서 덜 깬 나는 '에이, 뚱뚱한 이태리 요리사 아저씨 관심 없어. 잠이나 더 잘래…' 하고 다시 누워 버렸다. 그러고 보니, 내

가 지난 몇 년간 신이 나서 자랑삼아 보냈던 수많은 문자메시지
들을 보고 관심사가 다른 친구들은 콧방귀를 뀌었을는지도 모르
겠다.

"첼시 클린튼(Chelsea Clinton)이 지금 꽃다발을 한 아름 안고
는 파크 애비뉴(Park Avenue)에 서있어. 맥킨지 사무실이 바로
요 앞이거든."

"코리아 소사이어티(Korea Society) 연례만찬에 가는 길인데,
뉴욕 전 시장 루돌프 줄리아니(Rudolph Giuliani)랑 같은 엘리베
이터 탔다!"

"잭 웰치(Jack Welch) 아저씨하고 담소도 나누고, 새 책에 사
인 받고 나오는 길!"

Xoxo,
Gossip Girl

E. 그리운 서울

비가 내리고 음악이 흐르면

비 내리는 저녁이면 꼭 잠수교를 타고 퇴근을 하곤 했다. 비가 너무 심하게 퍼부어서 다리로 넘칠 것 같지 않는 한은, 슬픈 가요를 틀어놓고 잠수교를 건너면서 우수에 잠기는 것이 피곤한 하루를 마무리하는 그날의 하이라이트일 때도 있었다. 인상파의 그림처럼 뿌옇게 번지는 도시의 야경 그리고 강 위로 꿈틀꿈틀 반사되어 보이는 불빛들. 따뜻한 차 안에 앉아 그 야경에 젖어들다가 어김없이 흘러나오는 한스러운 노래의 가사에 가만히 귀를 기울이다보면, '참, 도대체 어떤 상황이길래 저렇게까지 절절할까' 하고 의아해지기도 했다. 그래도 그 한스러움과 절절함에 나도 모르게 중독되곤 하던 때였다.

그러고 보니 한국에 있을 때와 지금의 가장 큰 차이 중의 하나가 비오는 날에 대한 반응이다. 한국에서는 '비 오니까 만나자' 내지는 '비 오니까 술 마시자' 하는 경우가 많았는데, 뉴욕에 오고 나서 보니, '비 오니까 그냥 다음에 보자'라고 하게 되는 경우가 더 많다. 물론, 여전히 한인 타운에는 이런 비오는 날 고기도 구워먹고 소주나 한잔하자는 사람들이 몰려들기는 하지만.

며칠 전에는 장을 보러 한인 타운의 슈퍼마켓에 갔는데, 북적북적한 가게 분위기와 어울리지 않게 구슬픈 가요가 흘러나온다. '장 보는데 분위기 잡을 일 있나?' 하고는 계산을 하고 나와서 근처의 한국식 제과점엘 갔는데, 이건 참···. 아까 그 슈퍼마켓에서 나오던 노래보다 더 구슬픈 가요가 흘러나온다. 같이 있는 친구가 그런다. "아, '자명고'에 나오는 노래네!" 무슨 한국의 TV 드라마를 통해서 인기를 끌었던 노래란다. '왜 슈퍼마켓이나 제과점에서 이런 노래를 틀어놓는 거지?' 하고 의아해하던 나도 어느새 그 멜로디에 젖어든다.

뉴욕에는 한인 타운은 물론이고 맨해튼 다운타운의 대학가 근처에도 한국식 노래방이 여러 군데 있는데, 여럿이 모여 저녁을 먹고 술도 한잔하고 나면, 한국 사람이고 미국 사람이고 함께 어울려 노래방으로 몰려가서 회포를 푸는 경우가 많다. 여기에서는 노래를 부를 수 있는 시설이 있는 곳은 모두 일반적으로 '가라오케'라고 부르는데, 나도 대학원 1학기 때에 같은 반 친

구들을 모아 한인 타운에서 '가라오케 나이트'를 주선한 적이
있다. 보통 열 명 정도 들어갈 수 있는 방에 30명은 족히 되는
각국의 친구들이 모여들었는데, 새벽이 될 때까지 그 방의 공기
가 후끈후끈해지도록 열창을 하던 기억이 난다. 나이대가 비슷
한 외국 친구들과 노래방을 가면 보통 마이클 잭슨이나 마돈나
또는 본조비와 같은 '옛날 가수들'의 미국 노래들을 부를 수밖
에 없는데, 가끔은 심금을 울리는 절절한 발라드 가요를 부르고
싶어서 몸이 근질근질할 때가 있다. 그럴 때면, 같이 저녁을 먹
던 외국 친구들을 따돌리고는 괜히 분위기 잡기 좋아하는 한국
사람들끼리서 노래방으로 향하고는 한다.

고등학교 시절에 야간 자율학습을 빼먹고 몰래 친구들과 노래
방에 가서 곧잘 부르곤 했던 '비가 내리고 음악이 흐르면~'이라
는 노래의 가사는 요즘도 비만 오면 머릿속을 맴돈다. 이런 멜랑
콜리한 정서는 한국인들만이 가진 독특한 것이면서도 나름대로
전염성이 강한 듯하다. 미국에서도 그렇지만, 홍콩이나 싱가포르,
방콕 등지에서 이십대나 삼십대의 아시아계 남자들을 만나서 한
국 이야기를 하다보면 누군가는 꼭 그런다. "I love 'My Sassy
Girl'!" 남자들이 아직까지도 긴 생머리의 '엽기적인 그녀'의 매
력에서 벗어나지 못하고 있을 때, 여자들은 어떠한가. "Do you
know 'Winter Sonata'??" 자신이 한국 드라마나 영화의 광팬
이라면서 나도 잘 모르는 드라마며 영화 제목들을 줄줄이 대는

사람들이 한둘이 아니다.

　싱가포르에 출장 중일 때 한 음반가게에서 만난 점원은 내가 한국 사람이라고 하니 눈이 반짝반짝 빛난다. 한국 드라마를 한 번 보기 시작하면 멈출 수가 없어서 그의 어머니와 함께 앉아서 보다가 손을 붙들고 운 적까지 있다고 한다. 그래서 솔직히 나는 아직까지도 한국 드라마를 볼 엄두도 못 내고 있다. 워낙에 10대의 사춘기 시절과 대학 시절에 슬픈 가요에 빠져서 살았던 나로서는 그런 감정에 다시 젖어들 때면 시간을 허비하는 것 같아서 은근히 불안해진다. 하지만 한참 후에 나이가 들고 시간적으로나 심적으로 여유가 생기면, '가을연가'와 '겨울동화'만큼은 꼭 보리라.

　이런 정서가 한국에서 유년기를 보낸 사람에게만 있는 것일까? 내 주변의 교포 친구들을 보면, 그런 것만은 아닌 것 같다. 30대 중후반에 들어서도 한국 드라마나 가요에 푹 빠진 친구들이 꽤 있다.

　뉴욕의 한 친구는 도대체 어디서 들었는지, 나도 모르는 노래 제목을 대며 그런다. "백지영이 부르는 그 노래 알아? 그 뮤직 비디오를 보다가 너무 슬퍼서 한참을 멍하게 앉아 있었어." 너무 궁상맞다 싶은 노래나 드라마는 일부러 피하고는 하는 내가 '도대체 어떻길래' 하는 생각이 들어, 유튜브(Youtube.com)라는 비디오 웹사이트에 가서 그 노래를 찾아보았다. '총 맞은 것처럼,

가슴이 너무 아파…’ 로 시작되는 그 비디오를 보면서, 어떻게 저렇게 극단적인 표현을 쓸 수가 있을까 싶다가도 한편으로는 공감이 간다. 이성으로는 설명이 안 될 듯하다가도 가슴 한구석 깊이 찌릿찌릿해오는 데가 있다.

처음 뉴욕에 왔을 때에는 혼자 사는 것이 불안하기도 하고, 학교생활에 스트레스 받기도 하고, 특별한 이유 없이도 우울해질 때가 종종 있었다.

나의 한 친구는 나보다 한 해 먼저 필라델피아의 경영대학원에 진학을 했는데, 처음 새 아파트에 이사 들어가던 날의 이야기를 한 적이 있다. 혼자서 이리저리 뛰면서 얼마 안 되는 이삿짐이지만 힘들게 날라서 집에 들어왔는데, 벌써 깜깜한 밤이 다 되었단다. 미국에는 천장에 등이 설치되어 있지 않은 집들이 많아서, 바닥에 세워놓는 기다란 플로어 스탠드(floor stand)를 따로 사야 하는 경우가 대부분인데, 이를 몰랐던 친구가 아무리 벽의 스위치를 찾아봐도 불을 켤 도리가 없었던 것이다. 마땅한 가구도 없는 텅 빈 공간에 혼자 녹초가 되어 그렇게 들어앉아 있으려니 저절로 눈물이 나더란다. 그렇게 열심히 노력해서 온 유학인데도, ‘내가 왜 혼자 여기에 와서 이러고 있나’ 하는 생각이 문득 들어서 한참을 펑펑 울었다고.

나에게도 물론 그런 순간들이 있었다. 학교생활에 적응하느라 정신없이 바쁘던 첫 학기의 어느 날, 깜깜해져서야 도서관에서 그룹미팅을 끝내고 나오는데, 비가 추적추적 오고 있다. 비오는 캠퍼스를 터벅터벅 걸으며 왠지 모르게 쓸쓸하고 기분도 착잡해지고, 숙제고 뭐고 아무런 의욕이 없다. 우울해 하는 나를 보며, 외국에서만 살아온 한 선배가 그런다. "너를 보면 무슨 한국 드라마 보는 것 같아. 네가 무슨 드라마 여주인공이냐?"

인생은 아이러니라고 했던가? 나에게 무안을 주던 그 선배, 이제는 아예 한국 드라마 사업을 하고 있다. 미국에 온갖 종류의 한국 드라마들을 공식적으로 들여와 인터넷상으로 공급을 하고 있는데, 뉴요커들 사이에서도 그 인기가 보통이 아니다.

얼마 전에는 인터넷 상에서 TV 프로그램들을 재생해서 볼 수 있도록 하는 '훌루(Hulu.com)' 라는 미국의 인기 웹사이트에서 공식적으로 이 한국 드라마들을 제공하기 시작했을 정도이다. 대부분이 금융계나 투자업계에 종사하는 나의 교포 친구들 중에도 최근의 한국 드라마들에 대해서 빠삭한 이들을 갈수록 자주 본다. 밖에 나와서는 딱딱한 정장 차림에 심각한 표정으로 도시의 거리를 헤집고 다니다가도, 집에 들어와서는 몰래 방 안에 틀어박혀 드라마 삼매경에 빠져있을 이들의 모습을 머릿속에 그려보니, 피식 웃음이 나온다.

X세대 이야기

요즘 한국의 TV 채널이나 웹사이트 등에 자주 오르는 연예인들을 보면, 누가 누구인지 도무지 헷갈린다. 항상 새로운 얼굴들이 등장하는 것 같기는 한데, 다들 스타일도 비슷하고 이름도 비슷비슷해 보여서 어렵다. 아마도 2000년대에 들어서 데뷔한 연예인들 중에 내가 알아볼 만한 이들이라고는 뉴욕에서도 공연을 한 적이 있다는 '원더걸스' 뿐인 것 같다.

작년인가에는 한국에 가서 TV를 보니, 늘씬늘씬한 인형 같은 멤버들로 구성된 걸 그룹이 매일같이 나와서 신나는 노래를 불러 댄다. "어, 원더걸스가 아홉 명이 됐네?" 그랬더니 동생이 그런다. "아이참, 쟤들은 딴 애들이야." 요즘 한창 인기를 누리고 있다는 수많은 아이돌 걸 그룹이나 보이 밴드들이 나에게는 낯설기만 할 뿐이다.

몇 년 전에 뉴욕의 메디슨 스퀘어 가든(Madison Square Garden, 'MSG')에서 있었던 가수 '비'의 뉴욕 첫 공연이 문득 생각난다. 놀랍게도 이 공연에 대해서 나에게 처음 이야기해준 사람은 같은 사무실의 미국인 동료였다. 워낙에 이것저것 보고 듣고 읽는 것도 많은 이 친구는 최신 이벤트나 최근에 문을 연 레스토랑은 물론이고 연예계나 정치계의 가십거리마저 섭렵하고 있곤 했는데, 어느 날 아침에는 난데없이 묻는다. "Hey, do you know 'Rain'?" 가수 '비'가 뉴욕 공연을 며칠 앞두고 있던 그때, 한국계 가수가 MSG에서 콘서트를 한다며 〈뉴욕타임즈(New York Times)〉에 커다랗게 기사가 실린 것을 보고 나에게 물은 것이었다. 사실 그때까지만 해도 비가 누구인지 몰랐던 나는 호기심에 한국계 친구들 몇 명과 뒤늦게 어렵사리 콘서트 티켓을 구입했다.

마침내 콘서트를 관람하면서 신선한 얼굴의 남자가수가 부르는 노래며 춤동작에 흥겹기는 했지만, 솔직히 90년대의 '추억의 가요들'이 더 그리워졌다. 그러던 중 갑자기 한 익숙한 얼굴이 무대에 등장한다. 십여 년 전인가, 서울의 하얏트 호텔에서 라이브 공연을 하는 것을 보고 감동을 받았던 박진영이 아닌가. "한참 옛날로 한번 돌아가 볼까요?" 하는 그의 힘찬 외침과 함께 꿈에도 그리던 신나는 멜로디가 흐르기 시작한다. 나는 물론이고 나의 대학 시절 친구들도 곧잘 따라 부르며 춤까지 따라하곤 했던 '날 떠나지마'를 또다시 라이브로 관람하게 될 줄이야! 바로 며칠 전에 기사를 읽어서 '레인'이라는 가수에 대해서는 익히 알고 있던 나의 교포 친구에게는 이 '박진영'이라는 가수가 더 신선해 보였는지, "저 사람은 도대체 누구야? He's good!" 하며 감탄을 한다.

얼마 전에 한인 타운에 가니, 아직도 일부 교포들에게는 다소 낯설어 보일 가수 박진영의 포스터들이 붙어져 있었다. 그가 또다시 뉴욕에서 콘서트를 한다고, 나보다 한참 어린 Y세대 친구들은 벌써부터 티켓을 구매해 놓고 하루하루 손꼽으며 기다리고 있던 때였다. 한인 타운의 곳곳에 붙여져 있던 포스터 안의 역동적인 포즈의 그를 다시 머릿속에 그려보니, 괜스레 내가 뿌듯해 진다. '그래. 우리 X세대, 아직도 건재해!'

한국의 90년대를 주름잡던 X세대. '별밤지기' 하면 아직도 '이문세 아저씨!'를 외치고, 검은 보랏빛 립스틱을 바른 채 어색하게 웃고 있는 십 수 년 전의 스티커사진 또는 폴라로이드사진 몇 장쯤은 간직하고 있다면 X세대이다. 이 외에도 한국의 X세대를 대표하는 것들을 일일이 대자면 끝도 없을 것이다.

이 X세대라는 말의 유래를 아는 사람이 얼마나 되는지 모르겠다. 이 용어가 널리 쓰이기 시작한 것은 사실 캐나다의 작가인 더글러스 코플랜드(Douglas Coupland)라는 사람이 1991년에 《Generation X : Tales for an Accelerated Culture(X세대 : 가속화된 문화를 위한 이야기)》라는 소설을 출간하면서였다. 미국에서는 음악채널인 MTV를 즐겨보고, 팩맨(Pac Man)이라는 비디오 게임을 즐기면서 자라난 1970년대에 태어난 대부분의 사람들을 주로 일컫는 용어가 되었는데, 'Baby Boomers(베이비부머)'와 'Y세대' 사이에 애매하게 끼어있는 어찌 보면 과도기적인 세대가 X세대다.

나로서는 그렇게 특별한 명칭이 주어졌다는 것이 괜히 뿌듯하게 생각되던 시절도 있었는데, 한국의 X세대들, 그 중에서도 나와 같은 '수능 1세대'는 사실은 무슨 실험 대상처럼 끊임없는 변화와 혼란을 겪으며 자라난 것이 사실이다. 예를 들자면, 내가 당시에는 '국민학교'라고 부르던 초등학교에 처음 들어가던 해에 전 과목의 교과체계가 통째로 바뀌었다. 나보다 두 살 가까이 많은 나의 언니는 내가 초등학교 1학년에 입학하면서 받아든 '바른생활'이니, '슬기로운 생활' 또는 '즐거운 생활'로 불리던 교과서들을 보면서 신기해하곤 했다.

고등학교에 진학시 치러야 했던 연합고사에서는 기존의 사지선다형 객관식 문제들만이 아닌, 서술형의 주관식 문제들도 출제되어야 한다는 논란이 일면서 이에 대비하느라고 곤혹을 치렀었고, 마침내 다가온 대학입시 때에는 난생 처음으로 '수학능력고사'와 대학별 '본고사'를 치러내야 해서 또 한바탕 혼란을 겪었다.

대학을 졸업하고 나오니 눈앞에 닥친 1990년대 말의 아시아 금융위기, 어찌어찌하여 무사히 한 세기를 넘기고 나니, 10년이 지나서 또다시 닥친 2008년의 전 세계 금융위기.

그렇게 카페에 앉아서 지난날들의 회상에 빠져있는데, 내가 앉아있는 커다랗고 네모진 파슨스 테이블의 맞은편에 아까부터 앉아 있던 젊은 커플이 눈에 들어온다.

미국에서 90년대 초반쯤 태어났을 법한 이들은 어떤 과정을 겪어서 지금 나와 한 테이블에서 마주하고 앉았을까. 요새 보기 드문 커다란 백과사전 같은 것을 테이블 위에 올려놓고, 노트북 컴퓨터가 아닌 공책을 하나 펼쳐 놓은 채, 한동안 무엇을 열심히 적기도 하고 얘기도 나누다가 자기들끼리 키득키득 웃기도 한다. 얼굴은 뽀송뽀송해 보이는 것이 기껏해야 대학교 1학년쯤으로 보이는데, 차림새는 마치 80년대 미국의 청춘 코미디물에서 지금 막 튀어나온 것 같다. 대학 후드 티에 쭈글쭈글 주름이 잡힌 베이지색 블레이저를 겹쳐 입고 있는 남자는 며칠 안 감은 듯 여기저기로 뻗친 긴 갈색머리를 하고 얼굴은 수염으로 온통 뒤덮여 있다. 그 옆에 앉아있는 여자아이는 풍성하고 곱슬곱슬한 검은 머리에 통통한 볼을 하고 있는데, 재잘거리며 떠들다가 가끔씩 깔깔거리고 웃는 것이 귀엽다. 땡땡이 무늬의 검은 후드 티 안에 회색 줄무늬의 짧은 면 원피스, 그 아래에는 살짝 패턴이 들어간 검은 스타킹에 발목까지 오는 군화 같은 것을 신고 있다.

2010년 쌀쌀한 봄날 오후에 맨해튼의 트렌디한 동네인 트라이베카(TriBeCa)의 카페에서 목격될 만한 커플로는 보이지 않는다. 잠시 내가 몇 년도의 어디에 있는 건지 헷갈리다가 문득 양옆으로 둘러보니 위안이 된다. 세련된 은빛을 뽐내는 애플사의 맥북(Mac Book)을 펼쳐놓고 귀에는 하얀 이어폰을 꽂은 채로 무언가에 몰두하고 있는 사람들. 최근에 출시된 미끈한 테블렛 컴퓨터인 아이패드(iPad)를 스탠드에 꽂아놓은 채 우아하게 집게손가락으로 화면을 톡톡 건드리고 있는 사람도 있다. 그 뒤를 밤색 가죽으로 꼼꼼하게 엮여진 보테가 베네타(Bottega Veneta)의 숄더백을 메고 위아래를 검은색으로 차려입은 여자가 하나 지나간다. 2010년이 맞긴 맞다.

단지 내 앞에 앉았다는 이유로 머리끝부터 발끝까지 관찰당하고만 그들에게 잠깐 미안해진다. 솔직히 말하면, 이들이 나의 시선을 끈 이유는 그들의 '시대를 초월한' 듯한 모습이 신선하게마저 느껴져서이다.

작년에 59세의 나이로 타계한 존 휴즈(John Hughes) 감독의 대표적인 80년대 청춘영화인 'The Breakfast Club(아침클럽)' 속 반항아들을 보는 것 같은 느낌이랄까. 매일같이 케이블 TV 채널 속에서 똑같은 옷차림, 똑같은 표정과 말투를 하고 활개를 치는 각종 '리얼리티 TV 쇼' 안의 10대, 20대의 젊은이들, 그 정체 모를 '자칭 스타' 들에게서 신물이 나서 그런 건지, 오래된 추억의 영화를 보는 듯이 풋풋한 느낌마저 든다.

지금 생각하면 어쩐지 촌스러운 90년대, 이제는 아득하기만 한 80년대가 그리워진다.

붉은 악마가 부르는 광화문 연가

나는 어릴 때부터 줄곧 이 광화문 일대에 대한 환상을 가지고 자라났다. 대학 시절, 막연히 금융이나 투자업계로의 진출을 꿈꾸기 시작한 이후로는 광화문 일대를 지나다닐 때면 그 넓디넓은 대로며 한가운데에 당당하게 서 있는 이순신 장군상, 세종문화회관 등을 바라보면서, 이런 거대한 시내의 중심가로 매일 출퇴근하게 될 날들을 상상하곤 했다.

해가 바뀌어 새로운 빌딩들이 올라서고 광화문 사거리의 모습이 조금씩 바뀌어져 가는 것을 보면서, 그곳에 '입성'할 미래의 어느 날에 대한 나의 기대는 커져만 갔다.

시간은 흐르고 흘러 1999년. 아시아 금융위기 이후에 수많은 아시아의 은행들이 부실채권을 껴안고 고민하고 있던 시절, 외국계 투자은행들이 발 빠르게 부실채권 시장에 진입하기 시작했다.

대학 졸업 후 1년 정도를 한 글로벌 기업의 재무기획부에서 일하던 나에게 어느 날 기회가 다가왔다. 취업을 준비하던 시기에 수많은 투자 은행이며 재무 컨설팅 회사 등에 보냈던 나의 레쥬메(Resume ; 이력서)가 그 당시 한국으로의 진입을 준비 중이던 한 미국계 자산관리회사의 임직원의 손에 우연치 않게 들어간 것이었다.

모든 일에 순서가 있고 때가 있다는 말이 정말 맞기는 한가 보다. 애태우며 찾아 헤매던 시기에는 손에 닿지 않을 것만 같던 기회들이 기대를 접고 현실에 충실하며 살던 어느 날, 예기치 않게 찾아왔다. 그렇게 시작한 새로운 직장에서 내가 하던 일은 아시아 금융위기 이후에 시장으로 쏟아져 나오던 부실채권들을 입찰을 통해 사들이는 것이었다. 구체적으로 말하면, 입찰에 참여하기 위해서 수백 개에서 많게는 천 개가 넘는 채권들로 구성된 부실채권 '포트폴리오'에 가격을 책정하는 것이 나의 일이었는데, 입찰일 당일 아침까지 최종으로 제출할 패키지를 완성하는 것 또한 나의 몫이었다. 3년간 열 번이 넘는 입찰에 참여했는데, 거의 예외 없이 제출 마감시간 직전에 무언가 고쳐야 할 사항들이 생기곤 해서, 완성된 패키지가 밀봉되기 직전까지는 숨 가쁜 시간들의 연속이기 마련이었다. 그래서 어떤 때에는 혹시나 밤늦게 퇴근을 하고 입찰일 당일 제 시간에 출근을 못할 것을 우려해, 집에도 가지 않고 근처의 호텔에서 밤을 새고 일을 해야 하는 경우도 있었다.

광화문 사거리의 그 사무실에서 셀 수도 없이 많은 밤을 보냈던 것 같다. 사무실에서 나 혼자 남아 자정을 넘기며 일을 할 때면, 종종 밖을 내다보며 머리를 식히는 것이 사치일 때가 있었다. 창가에 서서 문득 아래를 내려다보면, 내가 방문해 본 어떤 국제 도시의 화려한 고층 빌딩에서 내다 봐도 절대 찾을 수 없었던, 수많은 사람들이 모여서만이 만들어 낼 수 있는, 감격스런 장면이 펼쳐질 때가 종종 있었다. 수천 개의 손바닥에 올려 진 작은 종이컵 속 촛불들이 그랬고, 대통령 선거가 있었던 2002년 겨울의 밤, 사람들의 손끝을 떠나 내 눈 앞으로 솟아오르던 셀 수 없이 많은 노란 풍선들이 그러했다. 내가 일을 하던 빌딩이 전체가 유리로 되어있던 관계로, 광화문 사거리에 대규모 행사가 있을 때에는 빌딩 전체에 점등을 하는 쇼에 참여를 하기도 했었는데, 나중에 TV를 통해서 보니 맨 아래층에서부터 한 층씩 불이 켜지기 시작해서 빌딩의 꼭대기 층까지 차례로 새하얗게 올라가는 것이 대단한 장관이었다. 곁에서 보기에는 그저 멋있는 쇼이겠지만, 그 순간 빌딩 안에 있는 사람은 사무실 전체의 불이 갑자기 '화악' 하고 나가는 순간 얼마나 당황스러운지 모를 것이다.

2002년 12월 31일, 대학원 지원 준비에 한창이던 나는 별 신나는 계획도 없이 자정이 가까이 되도록 혼자 사무실에 남아서 열심히 지원 에세이를 쓰고 있었다. 그런데 갑자기 난데없이 층 전체에 불이 '확' 하고 꺼진다. 컴퓨터 화면의 불빛만이 내 얼굴을 환하게 밝힌다. 반사적으로 등 뒤로 홱 고개를 돌려보니 누가 성큼성큼 걸어와도 안보일 것 같이 깜깜한 것이 문득 겁이 난다. 콩닥콩닥 뛰는 가슴을 안고 앉아 있는데, 조금 있으니 불이 다시 들어온다. 빌딩 측에서도 서울시 차원의 중요한 이벤트에 참여를 하느라 리허설까지 하면서 만반의 준비를 다지고 있었나 보다. 그렇게 불이 꺼졌다 커졌다 몇 번씩 반복이 되더니 마지막으로 한 차례 더 불이 나갔다. 광화문 사거리가 내려다보이는 창가로 걸어가서 거리를 내려다보니 인파가 대단하다. 그 해 여름 월드컵의 열기와 감동이 다시금 떠오른다. 그렇게 생각에 잠겨있는데, 얼마나 시간이 지났을까. 다시금 들릴까 말까하는 '깜박, 깜박' 하는 소리와 함께 불이 하나씩 들어온다. 나의 서울에서의 마지막 새해는 그렇게 밝았다.

'America runs on Dunkin' 이라는 말이 있다. 한국에도 잘 알려진 미국의 던킨 도너츠사의 광고 문구인데, 이 말이 미국 사람들에게 깊이 어필하는 바가 있다. 맨해튼에서 거의 한두 블록 간격으로 포진해 있는 스타벅스의 공략에 절대 굴하지 않고 이 던킨 도너츠는 꾸준히 사람들의 사랑을 받고 있다. 미국 사람들이 툭하면 농담으로라도 "미국은 던킨의 힘으로 돌아가지" 하는 것을 들을 때면, 몸매관리 때문에 도너츠나 빵 같은 밀가루 음식

이라면 절대 기피하려 하는 사람들까지도 이 브랜드에 대해서는
제품 이상의 대단한 애착을 갖고 있구나 하는 것을 절실히 느끼
게 된다.

내가 서울에서 일하던 시절에도 던킨 도너츠의 역할은 매우 컸
다. 대부분이 미국계인 투자자들과 한 달에 한 번씩 가지던 투자
자 위원회 미팅이 있는 날이면, 아침부터 사무실에서는 고소한
냄새가 났다. 중요한 미팅을 앞둔 긴장감과 더불어 던킨 도너츠
에서 대거로 조달해 온 뜨거운 모닝커피의 향기 그리고 한쪽 벽
면으로 서울 파이낸스 센터가 내다보이는 커다란 유리창이 있던
컨퍼런스룸 테이블 위에 놓여있던 12개들이 도너츠 박스들에서
풍겨 나오는 향긋한 도너츠 냄새가 모두 뒤엉켜 묘한 흥분마저
느껴졌다. 긴장과 스트레스 속에서 하루 종일 진행되던 열띤 미
팅들은 이 던킨 도너츠의 위안이 없었다면 감내하기 버거웠을 듯
도 하다.

먹는 얘기가 나왔으니 말인데, 그 당시 나와 동료들에게 절대
없어서는 안 되는 또 다른 음식 아이템이 있었다면 바로 따끈따
끈하게 배달되어 오던 피자였다. 워낙 일이 많아서 야근을 하는
경우가 많기도 했지만, 때로는 미국의 텍사스나 뉴욕에 있는 상
사들, 클라이언트들 등과의 시간차를 고려한 컨퍼런스 콜 때문에
밤늦게까지 긴장을 놓지 않고 기다려야 하는 적도 많이 있었다.
그래서 그 시기에는 일주일에도 몇 번씩 사무실에 피자를 서너

판씩 시켜놓고는 동료들과 다 같이 모여 저녁을 해결하는 일이 허다했다. 그렇게 대충 끼니를 해결하고 밤 10시, 11시쯤으로 잡혀 있는 컨퍼런스 콜을 기다리면서, 아무리 전화상으로 하는 미팅이라고 해도 하루 종일 입고 있던 정장 차림으로 긴장을 늦추지 않고 컴퓨터 앞에 앉아 있곤 했다.

그 시기에 서울의 밤의 찬바람은 나에게 아주 익숙한 것이었다. 밤늦게 차도 이제 별로 보이지 않는 광화문의 대로로 나서면서, 때론 하늘을 올려다보고 밤공기를 들이마셔 보곤 했다.

멀리 내다볼 혜안은 없고, 항상 눈앞의 다음 단계를 준비하느라 홀로 남아서 수많은 밤을 보냈던 그 광화문의 사무실. 빌딩 밖으로 나와 차가운 도시의 밤거리로 나서면서 '또 이렇게 하루가 갔구나…' 하며 허탈해 하던 느낌이 아직도 엊그제 같다.

몇 시간이 지나서 다시 전쟁 같은 출근길을 뚫고 사무실에 오면, 지금은 멋진 모습으로 복구된 청계천이 훤히 내다보일 사무실 한 켠의 키친에 누군가가 막 내려놓은 커피의 향기가 가득하다.

그런 낮과 밤들이 거짓말처럼 끝없이 반복될 것만 같았는데, 다시 그 앞을 지나갈 때면 10년이라는 시간이 지나갔다는 것이 정말이지 믿겨지지 않는다. 수년 전으로 시간여행이라도 온 것 같다가도, 청계천 복구공사로 인해 바뀐 주변을 천천히 둘러보면 '이제는 정말로 오래 전 얘기구나' 하는 생각이 든다.

W.
월스트리트
대신 파크 애비뉴

꿈 그리고 현실

"Each success only buys an admission ticket to a more difficult problem."

("각각의 성공은 더 어려운 과제로 향하는 입장권을 사는 것일 뿐이다.")

– 헨리 키신저(Henry Kissinger)

대학원을 졸업하던 2005년경 갑자기 서울에서 전화가 한 통 걸려왔다. 한국에서 라이프스타일과 관련된 프로그램들을 주로 방영하고, 인기 있는 미국의 TV 쇼들도 많이 들여와서 방영하는 한 케이블 채널의 제작자였다. 갑작스런 전화에 의아해하는 나에게 그런다. 세계의 여러 도시에서 살고 있는 젊은 한국인들의 라이프스타일을 리얼리티 TV 쇼 형식으로 소개하는 새로운 프로그램을 구상 중인데, 뉴욕을 대표하여 출연할 의사가 있느냐는 문의였다. 알고 보니, 서울에서 잘 알던 한 친구가 나를 추천하며 연락을 해보라고 연락처를 전달해 주었단다. 워낙에 사무직에만 종사하던 나로서는 그런 제안이 신선하게 들리기도 하고 재미있겠다는 생각도 들었지만, 선뜻 수락을 할 수가 없었다. 그 채널은 프렌즈나 섹스앤더시티와 같이 미국에서도 인기 있는 TV 프로그램들을 방영하는 채널이었는데, 고민이 먼저 앞섰다. 그런 재미있고 화려한 라이프스타일을 동경하는 시청자들에게 나의 일상생활이 과연 흥미롭게 그려질 수 있을까? 마침 뉴욕의 헤지펀드 운용사에서 막 일을 시작한 나는 결국 그 제안을 거절하고 말았다.

물론 뉴욕에서의 삶만이 가지는 독특한 매력이 있고, 특히 라이프스타일의 측면에서 볼 때 미혼의 젊은 사람들이 즐길 수 있는 사교 모임이나 각종 이벤트가 많은 것 또한 사실이다. 하지만 나의 하루하루의 삶은 섹스앤더시티의 멋진 30대 싱글녀들의 삶과는 거리가 멀다. 나는 매일 새로운 시즌의 명품 백을 들고 1,000불 가까이 되는 마놀로 블라닉 하이힐을 신고 출퇴근을 하지도 않고, 일주일에도 몇 번씩 세계적인 셰프가 운영하는 분위기 좋은 인테리어의 레스토랑이나 바에 앉아 멋진 데이트를 하지도 않는다.

그 당시에 살던 집은 또 500 스퀘어피트가 될까 한 맨해튼의 작은 스튜디오였는데, 매일같이 카메라 크루(로케 스태프)가 들어와서 발 디딜 틈도 없을 뿐더러, 필요한 살림살이들만 간단히 갖추어져 있는, '멋짐'의 요인이라고는 찾아볼 수 없는 소박한 공간이었다. 나의 삶은 다른 도시에서와 조금 다른 현실일 뿐인데, 있는 그대로의 모습을 보여주는 것은 뉴욕이라는 멋진 도시의 삶에 대한 환상을 잔뜩 안고 있을 한국의 시청자들에게 실망만 안겨주는 일일 거라는 겁이 덜컥 들었다.

그 이후로 몇 년간 내가 일상의 가장 많은 시간을 보낸 곳은 아마도 맨해튼 중부의 파크 애비뉴일 것이다.

80년대 초반을 기억하는 사람이라면 TV 시리즈 'V'를 기억할 것이다. 당시 나도 초등학생이었고, 초등학생들 사이에서 가슴에 크게 V자가 새겨진 빨간 유니폼을 입고 다니는 것이 유행일 정도로 그 인기는 대단했다. 외계로부터 온 방문자를 뜻하는 'Visitor'의 알파벳 첫 자를 뜻하는 이 'V'가 26년 만에 미국의 안방극장에 돌아왔다. 2009년 가을경에 새로운 시즌이 방영되고, 얼마 후 2010년에 들어서 다음 시즌의 첫 회 방영이 있었다. 그리고 화면 가득 펼쳐진 익숙한 파크 애비뉴의 전경. 맨해튼 중부의 랜드마크격인 메트라이프(MetLife)라는 보험회사의 빌딩과 헴슬리(The Helmsley) 빌딩이 한 가운데에 가로질러 서있고, 그 위아래로 쭉 뻗은 넓은 대로가 바로 파크 애비뉴이다.

TV 안에서 그 전경이 내려다보이는 곳은 다름이 아니라 이

‘방문자’들이 거점으로 삼고 있는 커다란 우주선 안. 화면 속에서 실감나게 표현되고 있는 이 파크 애비뉴의 전경이 5년 전, 대학원을 졸업하고 처음 뉴욕에서 일을 시작하던 때를 생각나게 한다. 뉴욕을 잘 모르는 사람들은 ‘월스트리트’가 뉴욕의 금융과 투자업계를 대표하는 곳으로 알고 있을 테고, 여전히 증권거래소와 대형 은행들이 근접해 있는 이 월스트리트는 세계 금융계의 대명사인 것이 사실이다. 하지만 실제로 대부분의 투자은행, 헤지펀드, 기타 사모펀드 등과 세계적인 컨설팅 회사들은 맨해튼 중부의 이 파크 애비뉴라는 곳을 중심으로 산재해 있다.

또 뉴욕에서 1~2시간 떨어진 코네티컷(Connecticut) 주의 그린위치(Greenwich)라는 곳에는 수많은 헤지펀드들이 본사를 두고 있어, 사실상 월스트리트의 위상은 이제는 실질적인 것이라기보다는 상징적인 것이라 할 수 있다.

아마도 뉴욕에 위치한 경영대학원에 지원을 해본 사람이라면, 누구나 지원 에세이에 ‘뉴욕 요인(the New York factor)’을 강조하는 내용을 담았을 것이다. 간단히 설명을 하자면, 지원시 필요한 내용물들 가운데 가장 중요한 요인들 중의 하나가 바로 주어진 글자 수 내에서 답해야 하는 ‘에세이’인데, 학교마다 지원자들에게 다섯에서 많게는 일곱 개 정도의 주어진 질문에 단편 작문 형식으로 답하도록 요구하는 것이 보통이다.

내가 제출한 에세이 중에도 물론 이러한 지역적인 매력을 강조하는 내용이 담겨 있었다. 기억이 가물가물하지만, ‘MBA를 취득한 이후 나의 다음 목표는 뉴욕의 월스트리트에서 투자 관리업에 종사를 하며 세계적인 투자 전문인으로 성장하는 것이다’라는 내용의 답변을 했던 것 같다. 나의 인생이 동화라면 아마도 마침내 뉴욕의 투자계에 ‘입성’을 했던 2005년 즈음에, 이야기가 해피엔딩을 맞은 셈이다. ‘… 그리고 그녀는 마침내 꿈을 이루었다. 끝!’

하지만 나의 삶은 엄연한 현실인지라, 사실은 거기에서부터 또 다른 차원의 시행착오와 배움이 시작되었다.

한국에서도 잘 알려진 유명 배우인 니콜라스 케이지(Nicholas Caige)가 주연을 한 ‘패밀리 맨(Family Man)’이라는 영화가 있다. 이 영화에서 니콜라스는 잘 나가는 젊은 투자은행가(‘뱅커’)로 나오는데, 그가 빛나는 빨간 페라리를 몰고 출근하는 곳은 맨해튼 미드타운의 파크 애비뉴 상에 위치한 한 웅장한 검은 빌딩. 차에서 내려 빌딩 입구까지 다다르려면 양 옆에 여유로이 자리한 분수들 사이를 걸어 지나가야 한다. 영화 속의 그곳이 바로 내가 일하던 회사가 위치했던 빌딩이다. 시그램이라는 양조회사의 본사가 있던 역사 깊은 빌딩이기도 하고, 건축물로서의 의미도 있는 건물이라 종종 건축학도들이 단체 견학을 오기도 한다.

이 영화의 주인공은 어느 날 장난처럼 바뀐 자신의 운명 때문에 한바탕 가치관과 우선순위의 혼란을 겪게 된다. ‘잘 나가는 뱅커'로 멋진 맨해튼의 싱글남으로 살 것이냐, '평범한 가장'으로 뉴욕 외곽의 뉴저지에서 아내와 아이들과 함께 소소한 행복을 느끼며 살아갈 것이냐. 안타깝게도 영화 안에서 이 두 가지 상황은 상호 배타적이어서, 두 가지를 모두 가질 수는 없다.

375 Park Avenue, New York, NY 10152. 이 주소를 치는 순간 뇌리를 스치는 장면이 있다. 싸늘한 뉴욕의 밤공기, 쓸쓸하게 허공으로 물줄기를 내뿜던 커다랗고 네모진 두 개의 분수들. 그 치솟는 물줄기들을 밑에서부터 밝혀주던 작은 전구 불빛들, 그리고 분수들 사이를 지나 거리로 나서면 하얀 빛의 잔상을 남기며 파크 애비뉴 위를 스쳐가던 노란 택시들.

자정이 다 되도록 혼자 사무실에 남아 투자자들과의 미팅을 준비하다가 마침내 퇴근하던 길에, 파크 애비뉴 상의 한 건널목에 서서 그런 생각을 하곤 했다. '이게 뭐 대수라고….' 하얀 거품을 뿜으며 향긋하게 코끝을 자극하는 샴페인도 없고, 귀를 쨍쨍 울리는 화려한 팡파르도 없고, 신나는 음악도, 박수쳐주는 관중도 없다.

내가 쫓고 있는 것은 무엇일까? 얼마나 가까이 와 있는 걸까…?

처음 취직을 준비하는 사회 초년생들이 반드시 준비하는 질문 중의 하나가 '5년 후의 목표는 무엇이냐?' 또는 '10년 후의 목표는 무엇이냐?' 일 것이다.

나도 대학 졸업 후 서울에서 처음 인터뷰를 하러다닐 때, 이 질문을 수도 없이 받았었다. 이제 5년 그리고 10년이 지난 후, 내가 같은 질문을 다시 받는다면 아마 이렇게 반문할 것 같다. "그러는 당신은 압니까?"

수년 전에 내가 막연히 가졌던 그 꿈들을 지금 내가 조금이나마 이루어 놓기는 한 것일까? 아니면, 한참 밀려서 뒤떨어져 있는 것일까? 내가 지금 있는 곳을 둘러보니, 아직도 현실 속이다. 이루어진 '꿈'은 없다. 그저 더 많은 경험을 쌓고, 또 하나의 단계를 넘어선 것이다. 그렇게 결론을 내리는 순간, 한결 마음이 가벼워진다. 샴페인을 터뜨릴 일은 없지만, 내가 좋아하는 부케향 가득한 화이트 와인 한 잔 정도는 마셔줘도 될 듯하다.

잠시나마 한숨을 돌리고 지나온 시간들을 음미해볼 수 있는 지금 이 순간의 '사치'를 즐기자.

잠 못 자는 이유

"**밤에 잠** 못 자는 이유가 뭐죠?" 이상한 질문이다. 조건부 질문도 아니고 무턱대고 대뜸 묻는다. 더 재미있는 것은 그런 질문을 받고도 아무도 "네? 나 잠 잘 자는데요?" 하지 않는다. 투자자들이 펀드매니저들을 만나서 평가하는 과정 중에 자주 묻는 질문인데, 하다못해 미팅을 잡기 전에 보통 매니저에게 요청하는 질문서('DDQ'; due diligence questionnaire)에도 절대 빠지지 않고 들어가는 질문 중 하나이다.

"What keeps you up at night?" 지난 몇 년 동안 만나본 수백 명은 족히 될 헤지펀드 매니저들 중에 무방비 상태에서 이 질문을 받았을 때, "저는 맘 편히 잘 잡니다"라고 한 사람은 내 기억이 정확하다면 단 한 사람이었다. 그 사람 얘기는 "내가 투자

한 회사들은 하나같이 근본적으로 탄탄한 회사들이기 때문에, 나는 나의 '바이앤홀드(buy and hold)' 전략에 확신이 있고 잠을 못 잘 이유가 없다"는 것이다. 이론적으로 맞는 얘기라고 해도, 사실 적게는 수백억 원에서 많게는 몇 조 원에 이르는 남의 돈을 다루는 사람들이 맘 편히 잘 잘 리가 없다.

이 펀드매니저들이 투자자들에게 매달 꼬박꼬박 펀드운용상황을 업데이트해주는 '레터'를 보내는데, 대부분이 '이번 달에는 펀드가 얼마나 올랐고, 시장의 움직임에 비교해 볼 때 얼마나 잘 했으며, 앞으로도 잘 할 것이다' 내지는 '이만큼의 손실이 있었는데 그에 어떻게 대비하고 있다' 던가 하는 내용을 숫자로 가득한 테이블과 차트들과 함께 포함하는 것이 보통이다.

그리고 '투명성(transparency)'을 더 강조하는 매니저들은 '어떠어떠한 회사들을 매수/매도(long/short) 했으며, 각각의 투자 금액이 얼마씩 된다' 하는 등의 더 구체적인 정보를 담기도 한다. 그래서 헤지펀드에서 일을 하는 애널리스트들은 투자 대상에 대한 분석은 물론이고, 매달 투자자들에게 내보내는 레터를 준비하기 위해서 온갖 차트며, 테이블이며, 각종 분석결과를 제공하는데 많은 시간을 할애하기도 한다.

나의 입장에서는 매달 수많은 헤지펀드들에게서 전송되어 오는 레터들을 다 읽고 소화해야 하는 일이 버거울 때도 있고 지루할 때도 있었는데, 한번은 우리 팀에서 관심을 두고 지켜보던 한

펀드의 매니저가 보내온 레터를 열어보니 테이블과 차트를 제외한 텍스트만 해도 레터사이즈 종이로 족히 일곱 장은 된다. 그 달의 수익률을 보니, 그럴 만도 하다. 그 숫자를 보고 바로 겁을 먹고는 '당장 돈 빼겠다' 하는 투자자들이 있을 수도 있겠다. '아휴, 지겨워서 이걸 어떻게 다 읽어?' 하는데, 첫 장의 서두가 이렇다. – 며칠 전이 우리 와이프 생일이었다. 지난 한 해 동안 그녀는 한 살을 더 먹었고, 나는 팍삭 늙었다. – 그게 재미있기도 하고 안쓰럽기도 하고, 어쨌든 그렇게 시작된 장문의 텍스트가 지루하지 않고, 읽을수록 그 한 달의 손실보다도 매니저에 대한 신용이 깊어져 단숨에 다 읽은 기억이 난다.

미국이 되었건, 한국이 되었건 일반 대중들에게 '헤지펀드'라는 것은 다소 부정적인 것으로 인식되어 있는 듯하다. 돈에 목이 마른 극히 일부의 약삭빠른 사람들이 사리사욕을 채우기 위해서 마켓을 왜곡시키고 투자자를 기만하는 행위를 밥 먹듯이 하기라도 하는 듯이 알고 있는 사람들이 꽤 있는 것 같다.

반대로 헤지펀드 매니저라는 직업이 자칫 화려하고 멋있게만 보일 수도 있겠지만, 이 매니저들은 P&L(profit and loss), 즉 자신의 투자의 결과에 대해서 책임을 져야 하기 때문에, 사실상 주말도 없이 매일 24시간이 근무시간이라고 해도 과언이 아닐 것이다. 물론 개인적으로 펀드의 손해에 대한 의무를 져야 하는 것은 절대 아니다. 돈은 물론 투자자가 잃는 것이고, 펀드관리회사

자체를 매니저가 일부라도 소유하고 있는 경우가 아닌 이상은, 펀드매니저에게 있어서 최악의 시나리오는 일자리를 잃는 것뿐이다. 그렇지만 장기적인 커리어로서 펀드 매니지먼트를 생각하는 대부분의 프로페셔널들에게 있어서 자신의 펀드 운용기록(track record)과 평판에 흠이 간다는 것은 치명적인 일이 아닐 수 없다.

마켓이 짧은 시기에 미친 듯이 움직이는 변동성(volatility)이 지속되는 시기에는 아무리 장기 투자자라고 해도 매니저들을 가만히 두지 않는다. 당연히 투자자들은 마켓이 잠잠할 때보다 훨씬 더 자주 매니저들에게 상황보고를 받고 싶어 한다. 뉴욕의 투자자들은 시간차를 고려하여 주로 오전 중에 전화미팅(confer-ence call)을 잡는데, 아시아와 같이 투자 대상 국가에 위치해 있는 신흥마켓(emerging market)의 매니저들은 투자자가 원하는 시간에 통화를 하기 위해 밤늦게까지 대기하고 있곤 한다.

어떤 때에는 우리 쪽에서 힘찬 목소리로 "Good morning!" 하는데, 전화선 건너편 매니저는 목소리가 다 쉬어 있다. 한 번은 괜찮냐고 물으니, 태평양 건너 전화의 반대쪽 라인의 매니저가 "이게 오늘밤만 세 번째 콜이고, 이다음에 하나만 더 하면 된다"고 한다.

그러고 보니 생각이 나는데, 몇 달 전 누가 재미있어 보이는 한국 영화가 있는데 같이 보러 가잔다. 요새는 드물지 않게 뉴욕이나 뉴저지의 일부 극장들에서 별 홍보도 없이 한국 영화를 상

영하는 경우가 있는데, 뉴저지까지 한 시간인가를 가서 본 이 영
화의 제목이 'Good morning, President!' 였다. 참 재미있게 잘
보았는데, 거기서 대통령 역할 중의 하나로 나오는 장동건 씨가
부시 대통령 비슷하게 생긴 미국 대통령과 통화를 하는 장면이
있다. 얄밉게 생긴 미국 대통령이 "Good morning!" 하니까 이
겁 없는 젊은 한국 대통령이 한국말로 그런다. "여기는 밤입니
다."

투자자와 전화 통화를 하기 위해 밤늦게까지 대기하다가 짜증
이 나면, 매니저들도 그렇게 대꾸하고 싶을 때가 있을 것이다. 실
제로 그러는 사람은 아무도 없지만. 물론 어떤 때에는 두 사람
이상이 다른 지역에서 전화를 걸어야 하는 경우도 있고, 우리 측
에서 밤 시간을 선호하는 경우도 있다. 나는 개인적으로 어느새
아시아의 시간에 익숙해져서 밤에 콜을 하는 것이 더 편할 때가
많다. 보통 9시나 10시에 콜을 하면, 정신이 더 말똥말똥해져서
새벽 서너 시가 될 때까지 잠을 못 잘 때도 많다.

그러면 나처럼 펀드 어브 펀즈(fund of funds)라는 데에서 일
하는 소위 '투자자' 를 대변하는 사람들은 미팅이 되었건 콜이 되
었건 마냥 자기 편한 대로 잡으면 되는 것이냐? 그렇기도 하고 아
니기도 하다. 우리들에게도 벌벌 떨게 하는 투자자들이 또 있다.
내가 일하던 곳에서 운용하던 주요 펀드 중의 하나는 뉴욕의
한 전통 깊은 은행의 고객들이 주요 고객이었는데, 이 펀드의 투

자 결정은 일일이 투자정책위원회(Investment Policy Commit-
tee)라는 곳을 거쳐서 해야 한다. 이 위원회와의 미팅은 매달 정
기적으로 열게 되어 있는데, 그 은행의 파트너들과 고위 임직원
들이 위원회의 멤버로 구성되어 있기 때문에, 그들의 어드바이저
격인 우리로서는 매우 신중하게 준비해야 하는 미팅이다.

처음 나와 함께 뉴욕의 사무실에서 일하던 나의 직속상관이 내
가 조인한지 한 2년이 지나서는 지사 설립을 위해서 싱가포르로
옮겼는데, 투자위원회의 멤버들이 주로 뉴욕이나 보스턴에 있기
때문에 거의 무조건 미국 동부 시간대에 맞춰서 미팅을 잡고는
했다. 나름 싱가포르 측을 배려해서 보통은 뉴욕의 이른 아침으
로 시간을 잡지만, 위원회 멤버들의 스케줄이 다 제각각인 관계
로, 본의 아니게 미국 동부 시간으로 오후에 미팅을 열어야 할
때도 있다. 그렇게 되면, 아시아에서 전화를 해야 하는 사람은 새
벽 2시, 3시가 될 때까지 계속 긴장을 놓지 않고 깨어있어야 하
는 것이다.

미팅이 시작되고 지구의 반대쪽에서 접속한 사람의 목소리가
심상치 않으면, 누군가는 꼭 놀리듯이 말한다. "Hey, go get
some coffee!" 나 역시 마침 아시아에 나가 있는 경우에는, 혼자
호텔방에 앉아서 밤늦게까지 커피를 들이키며 프레젠테이션 자료
들을 한 번 더 점검하며 초조하게 기다리는 일이 허다했으니, 이
비즈니스는 이런 태평양을 넘나드는 수없는 '잠 못 이루는 밤들'
없이는 굴러가지 못할는지도 모르겠다.

뉴욕에서 온 투자자

얼마 전, 한 비영리 헤지펀드 단체가 주선한 패널을 들으러 갔다. 맨해튼의 머레이 힐(Murray Hill)이라는 동네에 위치한 프라이빗 클럽하우스인 유니온 리그 클럽(The Union League Club of New York)에서 열린 이 패널의 주제는 '금융위기를 통해 얻은 교훈에 대한 최종 투자자들의 시각'이었는데, 수십억 달러에서 수백억 달러, 원화로 치면 수조 원에서 수십조 원에 이르는 연기금 등의 자산을 운용하는 소위 '자산 분배자(asset allocator)' 내지는 '최종 투자자(end investor)들'이 패널리스트로 참가한 이벤트였다.

급하게 나오느라 청바지에 재킷차림으로 도착한 나를 근엄해 보이는 입구의 경호원이 멈춰 세운다. "청바지 차림으로는 못 들어옵니다." '아차….' 몇 달간 회사 생활을 안했더니, 어디를 가든지 뻔뻔하게 청바지를 입고 드나드는 것이 습관이 되어버린 내가 드레스코드를 깜빡했다. 웬만해서는 적당히 설득을 해서 들어가겠는데, 워낙에 전통이 있는 프라이빗 클럽인지라 할 말이 없다. 한참을 걸어서 제일 먼저 보이는 옷가게에 들어갔다. 임시방편용인데 비싼 정장바지를 사고 싶지는 않고, 가격표를 기준으로 고르다가 어렵사리 찾은 것이 25달러, 그러니까 한화로 3만 원쯤 하는 검정색 면바지이다.

2008년의 금융위기 이후로는, 이전에는 회원이면 무료로 참가할 수 있었던 이러한 이벤트들마저 각종 명목으로 요금을 청구하기 시작했는데, 이미 참가하겠다고 RSVP를 한 이벤트에 나타나지 않으면 25달러의 'no show fee'라는 벌금을 내야 한다. 포기하고 돌아가도 어차피 버려야 할 돈이니 '같은 값에 바지나 하나 사자' 하고는 집어든 것이, 실은 두꺼운 면으로 된 요가바지였다.

급한 대로 갈아입고 다시 유니온 리그 클럽으로 돌아가니, 나를 기억한 도어맨이 이번에는 웃으며 정중히 들여보내준다. 그 바지가 원래 입고 있던 청바지보다 훨씬 더 허접한 '운동복'이라는 사실을 전혀 눈치 못 챈 것 같다.

맨해튼에는 이러한 프라이빗 클럽들이 여러 군데가 있는데, 가령 사립대학들이 졸업생들을 위해서 운영하는 학교 이름을 딴 클럽들도 있고, 메트로폴리탄 클럽(The Metropolitan Club)이니, 유니버시티 클럽(University Club of New York)이니 하여, 까다로운 조건으로 회원들을 심사하여 받아들이는 전통 있는 사교클럽들이 몇 군데 있다. 이런 곳들은 술이나 음식을 제공하는 회원전용 바나 운동시설 등을 운영하기도 하고, 멤버들이 모여서 포커게임을 즐기거나 할 수 있는 사교공간 등을 갖추고 있는 것이 보통이다.

뉴욕을 배경으로 한 영화를 즐겨보는 사람이라면, 포멀하게 차려입은 중년의 신사들이 다크 브라운의 클래식한 분위기의 라운지에 모여앉아 다리를 꼬고 시가를 피우는 장면 하나쯤은 기억할 것이다.

한국에서는 《위대한 유산》이라는 제목으로 소개되었던, 찰스디킨스(Charles Dickens)의 동명의 소설을 영화로 만든 'Great Expectations'에도 이러한 클럽의 장면이 나온다. 원작인 소설은 영국을 배경으로 했지만, 영화에서는 가난한 플로리다 출신의 청년 핀(Finn)이 익명의 자선가의 도움으로 뉴욕에 '입성'하여 아티스트로 성공을 하는 이야기인데, 이 핀이라는 청년이 뉴욕에서 우연히 다시 만난 첫사랑을 보기 위해 사교클럽을 찾는 장면이 있다. 영화 중에 핀이 이곳에서 자신의 첫사랑과 그녀의 상류층 친구들과 만난 뒤, 혼란스런 표정으로 클럽을 나오는 장면이 있는데, 이때 클럽하우스의 스태프가 허름한 재킷을 들고 급히 핀을 뒤따라온다. "저기요, 선생님 재킷은 이건데요." 핀의 차림새가 워낙에 허접하여 클럽하우스에서 임시로 드레스코드에 맞는 재킷을 빌려주었던 것을 그가 나오면서 깜빡 했던 것이다.

많은 사람들이 '뉴욕의 투자자' 라 하면, 마치 이러한 프라이빗 클럽하우스를 밥 먹듯이 드나드는 어딘지 접근하기 어려운 중년의 신사를 떠올릴 것 같다. 물론 돈의 출처가 어디이냐에 따라서 '취리히의 투자자' 가 될 수도 있고, '싱가포르의 투자자' 가 될 수도 있다. 하지만 전통적으로 투자관리업 그리고 '대체투자업(Alternative Investments)' 이라는 것이 뉴욕을 중심으로 진화해 왔고, 그래서 여전히 전 세계의 주요 기관투자자들이 정보를 교환하기 위해서 또는 유능한 펀드매니저들을 찾아내기 위해서 뉴욕으로 몰려드는 것이 사실이다.

각국의 펀드매니저들 또한 보통 일반 개인들에게는 판매할 수 없게 되어 있는 헤지펀드나 기타 사모펀드에 돈을 댈 수 있는 투자자들을 찾아내기 위해서 뉴욕으로 몰려와서는 대형 기관투자자들을 대상으로 적극적인 투자유치 활동을 펼치곤 한다.

뉴욕에 오기 전에 아시아의 부실채권에 투자하는 펀드운용사에서 일을 했던 나도 뉴욕이나 싱가포르 등지에서 투자자들이 방문을 하면 잔뜩 긴장을 하고 여러 가지 프레젠테이션을 준비하느라 진땀을 빼곤 했었다.

그러던 내가 불과 2년 후에 대학원을 졸업하고 나서 다시 서울에 돌아온 것이 '뉴욕의 투자자'라는 이름으로였다. 주로 홍콩이나 싱가포르에서 하루에 대여섯 개씩 펀드매니저들과의 미팅을 잡아놓고 점심을 먹을 틈도 없이 빽빽한 스케줄을 소화해야 했다. 그런데 투자위원회와 함께 다닐 때에는 나보다 수년에서 많게는 몇 십 년까지도 경력이 많은 매니저들을 만나는 것이 상대적으로 수월하긴 했지만, 나 혼자 출장을 다닐 때에는 웃지 못할 에피소드들도 많았다. 일단은 그런 프라이빗 클럽에 여유 있게 앉아서 시가를 피워댈 것 같이 보이지 않는 내가 미팅에 나타나면, 처음에 만나는 순간 상대방에게서 의심의 눈초리가 느껴질 때가 있었다. 나름 표정관리들을 했는지는 모르겠지만, 수백 명에서 수천 명을 만나보며 여러 가지 반응을 겪어보면 딱 감이 온다.

처음에는 '내가 상대적으로 어려서 나 혼자 자격지심이 든 걸 거야'라고 생각했지만, 몇 년이 지나보니 꼭 그런 것은 아니다. 특히 다소 권위적인 문화권에서만 살아오고, 정부 관련 기관에서 종사를 한 일이 있거나 권위 있는 대학에서 석·박사 학위를 몇 개쯤 따놓은 사람들의 경우는 더욱 그렇다.

극단적인 경우에는 우리 팀에서 세 명이 미팅에 들어갔는데, 나의 두 명의 남자 동료들에게만 명함을 주고 나에게는 '명함이 다 떨어졌다' 하는 사람도 있었다. 아마 나를 지금 막 사회에 발을 디딘 애널리스트 정도로 생각했었는지, 미팅 내내 눈길 하나 주지 않고 질문을 할 틈조차 주지 않았다. 그 사람은 아시아계는 아니지만, 미국계와 유럽계 은행에서 고위 직책에 있다가 굴지의 프라이빗 에쿼티 회사에서 야심차게 새로 시작한 아시아 펀드의 운용을 맡은 사람이었다. 그런데 나한테만 명함을 안준 것도 모자라, 두 시간에 걸친 미팅이 끝날 때 즈음에는 나를 돌아보며 그런다. "Sorry for all the 'guy talk'." 아마도 나의 미국계 여자 친구들은 비즈니스 미팅에서 누군가가 '남자들이 하는 얘기만 해서 미안해' 라고 말하는 것을 들으면 펄쩍 뛰고도 남았을 것이다. 나는 괜한 긴장감을 조성하고 싶지 않아 그냥 웃어넘기고 말았지만, 물론 이후에 있었던 팀 미팅에서는 그 펀드에 투자할 것을 추천하지 않았다. 한 번 투자를 하면 이후에 투자자와 펀드매니저 사이의 커뮤니케이션이 굉장히 중요한데, 그런 권위적인 사고방식을 가진 사람이나 그런 컬쳐에서 일을 하는 팀과는 이후에 주기적으로 의사소통하는 데에 문제가 있을 것이 뻔했기 때문이다. 무슨 이유가 되었건 현명한 결정이었다. 1년만이었던 2008년 아시아의 주식시장이 폭락할 때, 화려하게 스포트라이트를 받으며 출발했던 그 펀드는 소리 없이 역사 속으로 사라졌다.

한번은 이런 일도 있었다. 역시나 펀드매니저들을 만나기 위해서 서울, 홍콩, 싱가포르 등지를 몇 달간 출장 중이었다. 심신이 지치기는 했지만 마켓이 한창 활황이고 중국 등의 신흥국가들의 경제가 10% 가까이 매년 성장하는 판에, 뉴욕에만 너무 오래 머무르면 아시아 시장에 대한 감이 둔해질 것이 두려워서 고집스럽게 출장을 강행하던 시기였다.

홍콩에서 한 매니저와 미팅을 하기 위해 사무실에 들렀는데, 한 시간 가량을 마켓 얘기며, 경제 얘기, 투자 중인 종목 얘기 등을 열띠게 하다가 갑자기 그 매니저가 테이블에 펜을 천천히 내려놓더니 안타까운 눈빛으로 입을 뗀다. "저…, 결혼이라는 게 말이지. 수십 가지 요인들이 다 만족이 안 되더라도, 절대로 포기할 수 없는 한두 가지 사항만 만족이 되면 단호하게 결단을 내려야 되는 거예요." 뜬금없이 나온 결혼 얘기에 잠시 당혹스럽기도 했지만 이내 웃음이 나왔다. 그 사람 입장에서는 자기보다 한참 어려보이는, 결혼도 안한 여자가 몇 달째 초췌한 모습으로 출장을 다니는 모습이 안쓰러웠나 보다. 내가 원하지 않으면 굳이 힘들게 다니지 않아도 되는 출장이었기에, 마침 나 스스로도 문득문득 의구심이 들던 시기였다.

그리고 그 미팅이 끝나자마자 다음번 미팅으로 향했는데, 이번에는 40대 중반쯤 되었을까 한 호주계 펀드매니저이다. 한참 대화를 진행하다가 이 사람이 묻는다. "이번에는 아시아에 얼마간 있는 거예요?" 온지 한 두어 달 되었다고 하니, 그가 또 그런다. "나도 내가 들고 다니는 트렁크가 내 집인 때가 있었어." 그러면서 그 끝에 안타까운 듯이 그런다. "웬만하면 집에 가지 그래요. Go home!"

물론 힘이 들 때도 많았지만 사실 내가 좋아서 하는 일이었는데, 이쯤 되면 의구심이 더 커질 수밖에 없다. 네다섯 명의 중년의 투자자들과 함께 일주일간 강행군으로 출장을 다녀야 할 때도 그렇고, 나 혼자 이리저리 날아다니며 기센 펀드매니저들을 상대해야 할 때도 그렇고, '결혼도 안 한 젊은 여자'가 '뉴욕의 투자자'라는 감투 아닌 감투를 쓰고 다녀야 하는 것은 결코 쉬운 일이 아니다. 정확하게 숫자를 돌리고 분석을 하고 리포트를 써내고 프레젠테이션을 만들어 내는 것은 혼자서 밤이라도 새서 하면 되니 아무런 문제도 아니지만, 비즈니스상 상대해야 하는 사람들이 나를 보면서 불안해하고 걱정을 하는 것이 보이면, 다른 어려움이 없다고 해도 몇 배는 더 힘들어지고 마음도 약해진다.

그래서 뉴욕에서도 여자로서는 드물게 사다리의 꼭대기라고 할 수 있는 파트너나 매니징 디렉터급으로 올라간 사람들을 보면, 예전에는 그저 '멋있다. 나도 언젠가 저렇게 되겠지' 하고 생각했었지만, 이제는 갈수록 존경심이며 경외심이 커진다. 남들이 나를 어떻게 인식하느냐가 나의 잠재력을 실현하는 데에 끼치는 영향도 무시할 수 없는데, 결혼을 하고 아이들까지 있으면서 이 바닥에서 '성공' 하기 위해서, 또래의 남자들보다 몇 배나 더 독하게 마음을 먹고 노력해야 했을까.

전통적으로 무슨 업계가 되었건 '비즈니스'라는 것은 남자의 전유물로 생각되어 온 것이 사실이다. 특히나 투자업계에만 몸담아온 나는 아시아에 갈 때마다 이를 더욱 절실히 느끼기 때문에, 나처럼 이런 '남자만의 클럽(Men-Only Club)'에서 고군분투하는 다른 여자들을 보면 안타까운 생각도 많이 든다.

'뉴욕의 투자자' 라는, 어쩌면 내게는 어색해 보였을지 모르는 모자를 벗어놓은 지금, 한편으로는 홀가분하면서도 이러한 비즈니스 세계의 현실에 어떻게 대응하는 것이 옳은 것인지에 대해 여전히 끊임없이 자문하게 된다. 그나마 뉴욕에서는 매우 조직적으로 운영되고 있는 여성 전문인들의 네트워킹 단체들이 있어서 큰 힘이 될 때가 많다.

유니온 리그 클럽에서 있었던 그날의 패널에 참여한 다섯 명의 여성 CIO(Chief Investment Officer ; 최고투자위원)들도 각종 기관들을 대변하여 수조 원에서 수십조 원을 운용하는 펀드매니저들인데, 그런 이들을 직접 만나고 여러 가지 경험담을 들을 수 있다는 것이 그나마 커다란 행운이자 위안으로 느껴진다.

몇 년 전인가, 뉴욕에서 생겨난 여성 전문인을 위한 비영리 조직의 대표 격인 '85Broads' 라는 단체가 한국에 진입을 할 수 있도록 국내의 한 학생단체와 연결시켜준 적이 있는데, 수년이 지난 지금까지도 여전히 한국에서는 이러한 프로페셔널 네트워킹 문화가 자리 잡지 못한 듯하다. 동서양 양쪽의 가치관과 비즈니스 문화를 잘 이해하는 사람으로서, 특히 한국이라는 나라에서는 고급 여성인력의 활성화를 위한 조직적인 노력이 절실히 필요하다는 생각이 든다.

상하이 부르스

"From the eastern banks of Shanghai's Huangpu River, you can see a skyscraper that resembles a pineapple, a building that looks like a skewered olive and a massive office tower standing proudly on the opposite side of the river that looks a lot like a giant bottle opener."

("상하이의 황푸강의 동쪽 변으로부터는 파인애플처럼 생긴 고층빌딩, 마치 찌그러진 올리브같은 빌딩이 보이고, 강의 반대쪽에는 거대한 병따개 같은 모양의 어마어마한 타워가 자랑스럽게 서있는 것이 보인다.")

    – 2010년 4월, ⟨Institutional Investors⟩ 매거진의 'Shanghaied' 중에서

1988년 우리가 올림픽을 성공적으로 치루고 난 뒤, 1993년 대전에서 세계 엑스포가 열리던 당시 우리나라는 마냥 축제 분위기였다. 아시아 각국의 곳곳에서 세계적인 도시로 발돋움하기 위해 박차를 가하고 있는 지금, 최근에야 안 사실이지만, 2012년에는 'The Living Ocean and Coast ; Diversity of Resources and Sustainable Activities(살아있는 대양과 해안 ; 자원의 다양성과 영속성 있는 활동들)'이라는 주제 하에 한국의 여수에서 다시 엑스포가 열린다.

우리의 선례를 따라 2008년 베이징에서 올림픽을 치러 내고 올해에는 월드 엑스포까지 주최하는 중국. 그 무대는 바로 상하이이다. 홍콩 등지에서 일하고 있는 친구들과 최근에 뉴욕에서 상하이로 전직을 한 몇몇 친구들의 이야기를 들어보니, 엑스포에 대한 중국 사람들의 기대가 보통이 아닌 것 같다. 'Better City - Better Life(더 나은 도시 - 더 나은 삶)'이라는 주제로 6개월간 열리는 이 세계적인 행사는 매번 일과 관련된 이유만으로 중국을 방문했었던 나로 하여금, 이번 여름의 여행 일정을 다시 짜고 싶게 만든다.

2020년까지 아·태지역 최대의 금융허브가 되겠다는 야무진 꿈을 향해 성큼성큼 나아가는 상하이. 구세계와 신세계가 강 하나를 사이에 두고 공존하는 이 도시는 중국이라는 나라가 현재 경제적, 문화적으로 처해있는 과도기적인 성격을 가장 잘 대변하는 곳이 아닌가 싶다. 밤이면 휘황찬란한 불빛을 뽐내며, 현대적이다 못해서 어설프게 미래적이기까지 한 오묘한 스카이라인을 형성하는 신시가지 푸동은, 강 건너편의 구시가지 푸시와 같은 도시라는 것이 의심스러울 정도로 대조적인 모습이다.

내가 마지막으로 상하이를 방문했던 것은 매년 같은 시기에 상하이에서 대대적으로 열리는 아시아 헤지펀드 컨퍼런스에 참여하기 위해서였다. 경쟁이나 하듯이 치솟아 있는 빌딩 숲을 뚫고 도착한 곳은 푸동신구 내 루지아주이 금융지구에 위치한 샹그릴라 호텔. 온갖 호텔들과 오피스 빌딩들이 밀집해있는 금융지구 내에, 한국의 대규모 자산운용사의 건물도 하나 우뚝 서있다. 뭐든지 한국과 관련된 것이라면 제일 먼저 나를 툭툭 치며 손가락으로 가리키곤 하던 나의 동료들과 클라이언트들이 그 빛나는 새 빌딩을 가리키며 그런다. "저거 봐, 전에 얘기했던 그 한국 회사 아니야?" 대형 자산운용사들에 비해서 한국계 헤지펀드들은 보통 소규모로 운용되는데, 한동안은 한국의 헤지펀드 매니저들과 미팅을 가질 때마다 화제가 되곤 하던 것이 바로 이 대형 자산운용사가 운용하는 뮤추얼 펀드들이었다. 몇 조 원 단위로 운용되는 대규모 뮤추얼 펀드의 움직임이 단기적으로 일부 종목들의 주가를 좌지우지하기도 하고, 그로 인하여 상대적으로 작은 한국계 헤지펀드들 또한 영향을 받는다는 논란이 한참 일던 시기가 있었는데, 이런 상황을 잘 이해하던 미국계의 투자자들에게도 이 자산운용사의 이름은 매우 익숙한 것이었다.

어찌되었건, 공격적인 기세로 마구잡이로 치솟아 있는 상하이의 빌딩숲 속에서 왠지 모르게 움츠려들던 내가 익숙한 한국 회사의 사인을 보자 잠시 동안 괜히 으쓱해진다.

이러한 국제적인 헤지펀드 컨퍼런스가 열릴 때면, 호텔이나 공항 등지에서 같은 업계의 사람들과 자주 마주치게 된다. 아는 얼굴들을 마주하게 되면, 마치 길에서 이웃을 만나 괜한 날씨 얘기를 하듯 습관처럼 꺼내는 얘기가 "비행기는 무슨 항공사를 타냐?", "다음 행선지는 어디냐?", "호텔은 어디서 묵었냐?" 하는 것이다. 뭐 대단한 정보를 교환하자고 하는 얘기보다는 괜히 분위기 어색하지 말자고 캐주얼하게 나누는 '아이스 브레이커(icebreaker)' 성격의 대화이다. 그래서 내가 원하든 원하지 않든 간에 어느새 각 나라 항공편별 서비스나 제공되는 음식들, 각 도시의 호텔들, 공항 내 라운지의 시설 등의 잡다한 정보에 나도 모르는 사이 빠삭하게 밝아지게 된다. 하다못해 아시아에 자주 출장을 다니는 사람들 사이에는 어느 도시에 갈 때에는 무슨 항공사를 타고, 어디에 있을 때에는 어느 특정 호텔에 묵어야 한다는 둥의 비공식 순위까지 매겨져 있을 정도이다.

얼마 전 조지클루니라는 배우가 주연한 '하늘 위에서(Up In The Air)'라는 영화를 보면서 피식 웃지 않을 수 없었다. 1년의 300일 가까이 비행기를 타고 다니며 출장으로 보내는 주인공이 지갑에서 온갖 종류의 항공사나 호텔 마일리지 카드들을 꺼내 보이며 자랑스러워한다.

'밀리언 마일러(million miler)' 까지는 아니지만, 나도 몇 년간 한해의 반 가까이를 출장을 다니면서, 몇 군데 항공사나 호텔 체인의 마일리지가 두둑이 쌓이게 되었다. 일을 그만 둔 이후로는 자비로 여행을 하느라 제약이 많은 값싼 일반석 티켓을 구입해서 다니면서도, 습관이 된 나머지 뻔뻔하게 비즈니스석 카운터에 가서 체크인을 하곤 한다. 그러는 새에 한 항공사의 마일리지가 동이 나고, 기다렸다는 듯이 그 항공사가 나의 회원등급을 떨어뜨려버렸는데, 한 순간에 빼앗긴 갖가지 소소한 혜택들이 그렇게 아쉬울 수가 없었다. 기다리는 이도 별로 없는 한가한 비즈니스 클래스 카운터의 담당자가 몇 십 명의 사람들이 꼬불꼬불 줄지어 서있는 일반석 카운터 쪽을 가리키며, "다음부터는 저쪽 가서 체크인하세요" 하고, 고급스럽게 새 단장을 한 공항 내 라운지에서는 프론트 데스크를 지키는 말쑥한 유니폼 차림의 직원들이 "입장 안 되시는데, 대신 돈 내고 사용할 수 있는 라운지 알려 드릴까요?" 한다. 이건 야속하다고 한탄을 할 수도 없고, "나 예전에 여기 많이 들락날락하던 사람인데요…" 하고 우겨볼 수도 없는 노릇이다.

일 때문에 마음은 무거워도 몸이나마 편하게 여행을 다니면서 이런 대규모 컨퍼런스에 가보면, 무슨 동창회라도 하듯 으레 분위기가 시끌벅적하다. 하지만 내가 상하이를 방문 중일 때에는 마침 시촨에서 대지진이 발생한 직후여서 모두들 자중하는 분위기였다. 그래서 희생자들에 대한 애도의 표시로 하루의 일정이 끝나면 모두들 디너 이외의 별다른 일정없이 조용히 호텔로 돌아가곤 했다.

내가 묵고 있던 호텔은 오리엔탈 펄 타워와 함께 상하이의 스카이라인을 결정짓다시피 하는 진마오 빌딩의 꼭대기에 있었는데, 밤늦게 방으로 돌아오면, 창밖으로 도시를 가로지르는 황푸강과 함께 푸른빛의 도시 전경이 한눈에 들어왔다. 혼자 있는 방에 생동감을 불어넣고자 TV를 켜니, '지진 희생자들을 추모하기 위해 며칠간 모든 TV 중계를 중단한다'는 안내가 중국어와 영어로 화면 가득히 뜬다. 잠자리에 들려고 침대에 누우니, 바삭바삭하게 살갖에 와 닿는 하얀 침대보가 그날따라 낯설게만 느껴진다. 문득 '집에 가고 싶다'는 생각이 드는데, 실은 집이 어딘지조차도 헷갈린다. 가족들이 있는 서울인지, 나의 현거주지인 뉴욕인지. 그런 상념에 젖어들다가 이내 흔들어 떨어뜨려내고는, 대신 머릿속으로 내일의 일정을 되뇌다가 잠이 든다.

"Shanghai is a city at abrupt variance with its setting. It is a Western metropolis, where skyscrapers throw big, dark shadows on an impressive waterfront⋯."

("상하이는 주변과는 매우 다른 모습을 한 도시이다. 높은 빌딩들이 인상적인 물가에 커다랗고 어두운 그늘을 내던지고 있는

서구적인 도시이다.”)

60여 년 전, 미국인 특파원의 눈에 그려진 상하이의 모습을 보니, 그 당시 상하이의 모습도 아시아의 여느 도시들과는 다른 획기적인 것이었나 보다. 사진도 없이 글로만 묘사된 내용을 읽으면서 나는 그 기사가 최근에 씌여진 것으로 착각했을 정도이다.

어디선가 들은 얘기 중에, ‘중국에서 2천년 역사를 보고 싶으면 시안을 가고, 천년 역사를 보고 싶으면 베이징을 가고, 100년 역사를 보고 싶으면 상하이를 가라’ 는 말이 있다. 상하이라는 곳은 그만큼 중국의 현대사를 대표하면서 중국의 앞날, 특히 금융계의 미래를 그려나가는 곳이다. 나의 뇌리에는 푸른빛으로 각인되어 있는 상하이. 비좁은 일반석에 몸을 싣고 값싼 호텔에 묵을지라도, 언젠가는 유쾌한 ‘관광객’ 이 되어 가벼운 마음으로 다시 방문해보고 싶다.

상하이가 뉴욕이나 런던과 더불어 세계의 금융 중심지의 하나였다는 20세기 초반, 세계적인 금융기관들이 자리했던 아트데코(art deco)식 타워들이 아직도 줄지어 서있는 구시가지의 분드(Bund)에도 가보고 난징의 쇼핑거리도 여유 있게 거닐며, 그 파란만장한 도시 본연의 색깔을 맘껏 만끽해볼 날을 기다려본다.

뭄바이 드림

"So that someday the eldest son can buy two rooms in Mira Road, at the northern edges of the city. And the younger one can move beyond that, to New Jersey. Discomfort is an investment."

("언젠가 첫째 아들은 도시 북쪽변의 미라 로드에 방이 두 개 딸린 아파트를 구입하고, 작은아이는 그보다도 더 나아가 미국의 뉴저지로 이사 갈 수 있도록. '불편함' 은 투자이다.")

– 수케투 메타, 2007년 7월 17일 〈인터내셔널 트리뷴〉지에 실린 'Mumbai, my Mumbai' 중에서

남아공 월드컵이 한창이던 2010년 6월, 인천으로 향하는 비행

기 안에서 무심코 영화 채널들을 돌려 보다가, 이국적인 미모의 남녀 주인공이 출연하는 한 발리우드(Bollywood) 영화에 시선이 멈췄다.

막상 인도에 가보면 흑인 못지않게 피부가 까무잡잡한 사람들이 많은데, 이 배우들은 기껏해야 피부를 건강하게 그을린 코케이젼(백인 ; Caucasian)들처럼 우리가 생각하는 인도 사람들과는 다른 모습이다. 내용인즉슨, 이 잘생긴 인도 남녀가 외국에서 유학을 하던 중 만나서 사랑에 빠지는데, '인도가 세계의 미래'라고 주장하는 남자 주인공은 인도로 돌아가 정치가가 되어 부패한 정부를 개혁시키고자 하는 대망 때문에, 임신한 여자 친구를 저버리고 만다. 흔하디흔한 멜로드라마이기는 하나, 이 남자 주인공이 여자 친구의 행방을 모른 채 인도에서 정치가로서 활약하는 모습을 보며, 몇 년 전 출장차 방문했던 뭄바이의 모습이 생각났다. 촉망받는 젊은 국회의원(Member of Parliament)이 된 남자 주인공이 방문한 슬럼가의 생활상은 처참하기 그지없다. 여덟 명의 가족이 함께 사는 좁은 방에는 전기조차 들어오지 않아, 몰래 전선을 연결해 다른 집으로 흘러가는 전기를 훔쳐 써야 할 정도이다.

경제성장에 이변이 없는 한, 인도가 중국과 더불어 미래의 가장 큰 중산층, 즉 '미들클래스'를 형성하게 될 것이 분명해 보이지만, 인도의 국민들은 아직까지는 세계의 가장 큰 '언더클래스'

인 것이 사실이다. 그래서 2008년의 주식 대폭락 이전에 하늘 높은 줄 모르고 치솟는 인도의 주식시장을 보며 금세 이 나라가 경제대국이라도 될 것처럼 입을 다물지 못하던 사람들도, 막상 인도를 방문해 보면 그 나라의 열악한 기간산업과 처참한 사람들의 생활상을 보고 이내 고개를 내젓곤 한다.

그렇지만 희망적인 것은, 지극히 관료적이고 비효율적인 인도 정부가 제도적으로 이끌어 주기를 기다리기보다는, 스스로 앞날을 개척하고자 하는 남다른 기업가 정신(entrepreneurship)을 갖춘 인도인들이 무척이나 많다는 사실이고, 사람들의 교육열 또한 대단하다는 것이다. 인도 사람들이 특히 이공계열 분야에서 두각을 나타낸다는 것은 잘 알려진 사실이다. 뉴욕의 한 설계회사에 다니는 친구의 얘기로는, 회사에 가면 한국어가 주요 언어 중의 하나일 정도로 한국 인력들이 활발하게 활동하고 있는데, 이에 못지않게 많이 보이는 것이 바로 인도 사람들이라고 한다.

얼마 전, 〈뉴욕타임즈〉에 난 기사를 보니 '그럼 그렇지' 하고 고개가 끄덕여진다. 이공계열에서 미국인들의 경쟁력이 떨어진다는 우려 때문에, 미전역의 많은 학군들이 초등교과과정에 엔지니어링, 즉 기술 과목을 필수로 집어넣는 바람이 불고 있다는 것이다. 예를 들어, 뉴저지 주에서는 엔지니어링이 이미 초등학교의 필수과목으로 채택되어 있다. 이러한 경향을 지지하는 사람들은 일찍부터 엔지니어링을 공부하는 것이 수학이나 과학의 이해력뿐만이 아니라, 비판적인 사고와 창의력까지 키워줄 것이라며 반가워한다.

대한민국 수능 1세대인 나의 세대만 보아도 아시아계 학생들과 미국 학생들의 학습능력을 비교해 볼 때, 가장 현저하게 수준의 차이가 느껴지는 분야가 바로 수학(math)이다. 일례로, 경영대학원 입학을 위해 치러야 하는 GMAT 시험 점수를 보면, 인도를 비롯한 아시아계 학생들의 수학 점수는 미국계 학생들에 비해 현저히 높다. 내가 같이 대학원을 다닌 외국인 친구들과 대화를 해보고, 또 다른 경영대학원에 다닌 친구들의 이야기 등을 포괄해본 결과, 톱 10 경영대학원에 입학한 아시아계 학생들 중에서는 수학 분야에서 거의 만점을 받다시피 한 학생들이 수두룩한 것을 알 수 있었다.

반면에 미국의 친구들 중에는 부끄러워하지 않고 인정하는 이들이 많다. 자신이 언어(verbal) 분야에서는 고득점을 받았지만 수학 분야에서 좋은 점수가 나오지 않아 고생을 했다고. 오바마 대통령이 취임 이후에 미국의 공교육 문제를 거듭 강조하고 나선 것은 잘 알려진 사실인데, 한 예로 교육 장려책 중의 하나인 'Race to the Top(최고로의 경주)'라는 프로그램은 40억 달러, 즉 원화로 5조 원에 달하는 자금을 교육 부흥 자금으로 지급하게 되어 있다. 이 중에서도 STEM 프로그램이라 하여 과학, 기술, 공학 그리고 수학(science, technology, engi-neering and math)에 적극 지원을 하고 있으니, 미국인들이 인도를 비롯한 아시아계 인력들에게 얼마나 심각한 위협을 느끼고 있는지 쉽게 알 수 있다.

뉴욕 맨해튼에서 일을 하는 이들 중 많은 사람들이 실제로는 인근 뉴저지 주의 곳곳에 거주하고 있는데, 맨해튼 섬에 인접해 있으면서도 생활비가 적게 들고 뉴욕 도시세를 내지 않아도 되는 등의 장점들 때문이다.

이 중에 한국인 학생들도 많이 살고 있는 뉴포트라는 곳이 있는데, 얼마 전에서야 처음으로 가보았다. 건물들이 빽빽이 들어서 있고 항상 사람들로 북적거리는 맨해튼과는 달리 그곳은 거리도 큼직큼직하고 나무도 많고 한 것이, 마치 한국의 분당과 같은 신도시의 초기 모습과 많이 닮아 있다. '얼마 떨어지지 않은 곳에 이런 쾌적한 도시가 있다니!' 하고 감탄하려는 찰나, 이상한 점이 발견되었다. 거리에 다니는 사람들이 온통 인도 사람들뿐이다. 스타벅스에 들어가니 테이블마다 젊은 인도 사람들이 들어앉아 무언가를 공부하고 있다. 전체가 유리창으로 된 새로 연 듯 쾌적해 보이는 짐(gym)을 지나가며 올려다보니, 러닝머신 위에서 열심히 뛰고 있는 사람들이 하나같이 인도 사람들이다. 처음에는 한국이 연상된다며 좋아라고 뉴포트로 이사를 갔던 몇몇 친구들이 이제야 얘기한다. '일반 사람들이 살면서 평생 동안에 볼 인도 사람들을 나는 여기서 하루 동안에 다 본다'고. 친구들의 이야기를 들어보니, 신축된 뉴포트의 아파트들 중에 방이 2개나 3

개인 경우에는 한 방에 한 가구씩, 그러니까 한 아파트에 두세 가구가 몰려 사는 경우가 허다하다고 한다. 맨해튼의 고층 아파트들의 경우, 한 집에 살 수 있는 사람의 수나 애완동물의 유무 등 입주시 조건이 까다로운 경우가 많은데, 뉴포트의 경우에는 월세가 비교적 저렴하면서도 이러한 입주 조건은 적당히 눈감아 주는 경우가 많아 비용을 절약할 겸 다가구가 '동거'를 하기도 한다는 것이다. 나도 처음에는 그 얘기를 듣고 놀랐던 것이 사실이다. 하지만 '아무리 그래도 그렇지, 어떻게 한 방에 서너 명이 살 수 있냐?'며 이들을 미개인 취급하는 이가 있다면 반문하고 싶어진다. 한국에서도 단칸방에 온가족이 모여 사는 일이 허다하던 시절이 있었던 것을 기억하냐고. 아메리칸 드림을 쫓아 70년대, 80년대에 미국으로 이민을 왔던 수많은 한국의 젊은 부부들도 단칸방에 가구도 없이 아이들과 하루하루를 꾸려나갔던 날들이 있었다는 것을 아느냐고.

사실 인도를 방문해본 나로서는 '뉴포트의 인도인들' 이야기를 듣고 어느 정도 납득이 갔다. 주중의 출퇴근 시간에 뭄바이의 거리로 나가보라. 마치 전쟁이라도 난 것처럼 온 세상 사람들이 모두 길거리로 쏟아져 나온 듯하다. 그곳 사람들의 '공간'의 개념은 더 문명화된 나라에서 사는 이들과는 확실히 다르다. 부딪히고 살갗이 닿고 남의 발을 밟는 것쯤은 일도 아니다. 거리를 달리는 버스들은 허리가 터진 순대마냥 빽빽이 들어찬 사람들을 아슬아슬하게 매단 채로 달리고 있다. '콩나물시루'라는 표현은 그 모습에 비유하기에 너무나 단정하여 호사스럽게까지 느껴진다. 사람 많고 붐비기로 유명한 서울이나 맨해튼, 홍콩 등에서 말하는 '붐빈다' 함은 뭄바이의 기준으로는 사치스러울 수준이다. 슬럼가를 지나칠 때면, 차가 다니는 길의 양옆으로 빼곡히 드러누워 낮잠을 자는 이들이 보인다. 지나가는 차 안에 외국인들이 앉아 있는 것이 보이면, 병약해 보이는 노인들부터 아기를 들쳐 업은 어린 아이들까지 어디선가 뛰쳐나와 차를 가로막고는 차창을 마구 두들겨 댄다. 그나마 가족들과 살 집이 있고 정규 교육을 받고 자라나 미국의 뉴저지에까지 '진출'할 꿈을 꾸며 살아가는 이들은 엄청난 행운아들인 것이다.

미국 뉴저지 내 뉴포트의 곳곳을 '장악'하다시피 한 인도 사람들. 언젠가부터 익숙한 것이 되어버린 '부'와 안락함에 젖어 명품으로 차려입은 '세련된' 한국 사람들이 손가락질을 하든 말든, 그들은 두려울 것이 없는 듯한 그 거친 억양으로 우리보다 훨씬 더 유창하게 영어를 구사하고, 뉴욕의 숙련된 투자자들이 혹할 정도의 언변을 토해내며 무슨 일이 있어도 절대 손해를 보지 않을 정도의 악착스러움을 보인다. 뭄바이 거리 곳곳의 처참한 모습들을 떠올리며 '그래도 쟤들은 한참 멀었지…' 하다가도, 뭄바이의 월스트리트라고는 하지만 열악하기 그지없는 나리만 포인트(Nariman Point)의 곳곳에 둥지를 틀고 전 세계의 투자자들을

맞이하고 있는 펀드매니저들이며, 세계 곳곳에서 금융계와 IT업
계를 헤집고 다니는 수많은 인도의 전문 인력들을 생각해 보면,
다시금 정신이 바짝 든다.

서울로 향하는 비행기 속에서 우연히 접했던 발리우드 영화 속
의 카리스마 넘치는 주인공이 거듭 힘주어 말했듯이, 뉴포트의
거리에서 주변은 아랑곳없이 잰걸음으로 앞서 걸어 나가던 그 인
도인들 역시 마음속으로 되뇌고 있을지 모른다. ‘인도가 세계의
미래이다’ 라고.

All Too Human :
헤지펀드 이야기

헤지펀드 :
부자를 더욱 부자로!?

"The man who has won millions at the cost of his conscience is a failure."

("수백 만 불을 벌어들였다고 해도, 양심을 그 대가로 치룬 사람은 실패자이다.")

— B.C. 포브스(Bertie Charles Forbes)

호랑이(Tiger), 사자(Lion), 독수리(Eagle), 매(Hawk), 뿔소(Ox), 불도그(Bull Dog)의 공통점이 무엇인지 아는가? 그렇다. 모두들 '힘'과 '용맹'을 상징하는 동물들이다. 여기에다가 현실에 존재하지 않는 용(Dragon)과 불사조(Phoenix)까지 덧붙여 또 다른 공통점을 들자면, 하나같이 과거 또는 현재에 각종 헤지펀드들의 이름에 인용된 동물들이라는 것이다.

헤지펀드들의 이름을 나열해 보면 한마디로 동물농장 부럽지 않던 시절이 있었다. 2000년대 중반에 주식시장이 한창 활황인데다가 여기저기에서 새로운 헤지펀드들이 속속들이 생겨날 때에는, '동물 이름이 다 떨어져서 새로 문을 여는 헤지펀드들이 이름을 찾느라 고민이다' 라는 내용의 기사를 드물지 않게 볼 수 있었고, 오프닝을 앞둔 헤지펀드의 매니저들이 막판까지 펀드의 이름을 결정하지 못해 역사 속의 상상의 동물들까지 끄집어내어 고민 중이라는 푸념 아닌 푸념도 종종 들리곤 했다. 어떤 펀드의 투자 전략을 설명하거나 그 펀드를 운용하는 매니저의 시장에 대한 견해를 설명할 때에도, "이 펀드는 시장에 대해서 낙관적('황소'에서 파생된 'bullish')이다" 또는 "이 펀드는 비관적인('곰'에서 파생된 'bearish') 경향이 있다"는 둥, 상반되는 동물의 성격을 인용하여 묘사하곤 한다.

헤지펀드 운용사들을 방문해 보면 다양한 황소(Bull)상들을 수집해서 사무실 곳곳에 늘어놓은 매니저들도 있고, 드물게 곰(Bear)상을 수집하는 매니저들도 있다. 투자자의 기대치나 투자 대상 자산의 특성 등에 따라서, 때로는 이성과 논리만으로 설명할 수 없는 엄청난 리스크를 취해야만 효율적으로 전략을 구사할 수 있는 헤지펀드들도 있는데, 특히 그런 경우에는 이런 '동물적 기운(animal spirit)'만이 그들의 성격을 효과적으로 대변할 수 있을는지도 모르겠다.

"그래서 헤지펀드가 뭐하는 거라구?"

지난 몇 년간 수도 없이 들었던 질문이다. 내가 하던 일은 시장에 직접 투자를 하지 않고, 다른 헤지펀드를 골라서 포트폴리오를 구성하여 간접적으로 투자하는 펀드 오브 펀즈(Fund of Funds)라는 것을 운용하는 일이었다.

아시아 마켓에 투자하는 펀드매니저들을 만나기 위해서 출장차 한국에 들어가면, 누군가는 꼭 물어보곤 했다. 도대체 헤지펀드라는 것이 무엇인지. 어디서 얘기는 들었는데 마치 먼 나라 이야기만 같고, 게다가 마냥 비윤리적이고 사악한 것이어서 자신과는 상관없는 것으로 치부하는 사람들도 아직 많은 것 같다. 이런 질문에 대답을 하려면 갑자기 난감해진다. 펀드운용을 하는 사람들 사이에서 사용되는 전문용어를 피해서 설명을 하려고 하다보면, "저기, 그게, 그러니까…" 하고 헤매는 당황스런 상황이 연출되기도 한다.

그러한 질문을 수년간 하도 많이 듣다보니, 이제는 쉽게 설명하는 요령을 어느 정도 터득했지만, 헤지펀드 중에서도 단순히 주식이나 채권에 투자하는 것이 아닌, 복잡한 파생상품들에 투자를 하는 전략을 설명해야 하는 경우에는 다시 얘기가 복잡해진다.

마이클 무어(Michael Moore)라는 다큐멘터리 영화감독의 최근 작품 중에 풍자적 성격이 강한 '자본주의 : 러브스토리(Capitalism : A Love Story)'라는 영화가 있다. 이 다큐멘터리에서 마이클 무어는 2008년의 금융위기 이후에 미 정부가 은행들에게 지원한 자금이 은행 직원들에게 엄청난 금액의 보너스를 지급하는 데 쓰였다는 점에 격분하여 이 돈을 '회수'하기 위해서 직접 나선다. 커다란 트럭을 몰고는 뉴욕 다운타운에 위치한 거대 은행의 본사들을 돌며 돈을 다시 내놓으라고 생떼를 쓰는 장면에서는 웃음이 터져 나올 수밖에 없었다.

또 다른 재미있는 장면 중의 하나는 파생상품들 중의 하나인 CDS(Credit Default Swap)에 관한 것인데, 거기에 인용된 짧은 인터뷰 비디오가 보는 사람을 어이없게 만든다. 미국 프린스턴 대학의 한 중견 경제학 교수의 TV 인터뷰를 따온 이 장면에서, "그러니까 이 CDS라는 게 뭐죠?" 하고 묻는 아나운서의 질문에 교수가 대답을 한다. "CDS라는 것은, 어, 저, 그니까…. 그게 뭐냐, 그…, 그걸 사는 사람이…. 아니, 내 말은 그걸 파는 사람이…. 잠깐! 죄송합니다. 다시 할게요." 묻는 사람도, 대답하려고 땀을 빼는 당사자도, 그걸 보는 시청자들도 다 같이 당황스러워 괜히 딴 데로 시선을 돌리고 싶어질 즈음, 이 교수가 어떻게든 상황을 수습해 보고자 다시 입을 뗀다. "그러니까 그게 아주 복잡한 거예요."

본론으로 돌아가서 헤지펀드가 무엇인지 설명을 하자면, 그러니까, 그게, 저… 아주 복잡하기는 하다만 쉽게 말하자면, 돈이 아주 많은 이들에게서 모은 자금을 별로 규제를 받지 않고 다양한 자산에 다양한 기법으로 투자할 수 있는 '장치(vehicle)'라고 할 수 있다. '돈이 아주 많은 이들'이라 함은 개인이 될 수도 있고 기관이 될 수도 있다. 기관 투자자들은 대부분 헤지펀드에 돈을 맡길 수 있는 자격요건을 갖추고 있지만, 개인 투자자들의 경우에는 대부분이 한화로 적게는 몇 억 원에서 많게는 십억 원이 넘는 최소 투자금을 가진 사람들, 소위 말하는 'High Net Worth Individuals(높은 순자산을 가진 개인들)'이다.

그래서 가끔 헤지펀드 매니저들과 사적인 자리에서 점심을 먹거나 하다보면 어떤 이들은 자조적으로 이런 얘기를 한다. "우리가 하는 일이 뭐 그리 대단한가요. 그저 부자를 더욱 부자로 만드는 거죠." 마켓이 하늘 높은 줄 모르고 치솟을 때에는 마냥 자신에 차서 장밋빛 미래를 노래하던 매니저들 중에도, 2008년을 기점으로 마켓이 곤두박질을 치고 변동성(volatility)과 불확실성(uncertainty)이 계속되니 갑자기 관조적인 태도로 바뀌며 이런 철학적인 얘기를 꺼내는 이들이 꽤 있었다. 그렇다고 속지 말자. 부자를 더욱 부자로 만드는 동안에, 소위 말하는 2/20 비용 구조를 통해, 그러니까 투자자에게 2%의 관리비와 20%의 인센티브를 꼬박꼬박 청구해가며 스스로 부자의 대열에 합류한 이들이 한둘이 아니니.

그래서 그런지, 헤지펀드 매니저들 중에는 기회가 될 때마다 여러 가지 경로를 통해서 자발적으로 자신이 속한 교회나 비영리 단체 등에 기부를 하거나 자선(philanthropy)을 베푸는 이들도 많이 있다. 이런 행위마저 '다 다른 의도가 있어서 저러는 거다' 하고 비꼬는 사람들도 많지만, 실제로 내가 아는 매니저들 중에는 '사회에 환원한다'는 행위 자체에서 만족을 느끼고, 마음의 위안을 찾고 또한 남에게 본보기를 보이고자 하는 사람들도 꽤 있다. 전 세계에 수없이 많은 '팬'들을 거느리고 있는 가치투자의 달인 워렌 버핏(Warren Buffett)을 보라. 그는 지금까지도 오마하에 있는 검소한 자택에서 수십 년째 살고 있다. 그의 삶은 검소하기 그지없다.

최근에는 자신의 절친한 친구이자, 자신과 더불어 미국 최고의 부자로 꼽히는 마이크로소프트사의 회장 빌게이츠가 그의 부인과 함께 설립한 'Bill and Melinda 재단'에 300억 달러(약 35조 원) 가치의 주식을 기부하기로 공약을 한 바가 있다. '그 사람들이야 워낙에 어마어마한 갑부이니까 그렇지' 하고 볼멘소리를 하는 사람들이 분명히 있을 것이고, 그것이 어느 정도 사실이기도 하다. 그렇지만 막상 그런 경지에까지 올라가면 경쟁심이 더 발동해서 자신의 순위를 유지하고픈 오기가 생기지 않는 사람이 있을까? 과연 나나 당신과 같은 일반인도 거부가 되고 나면, 다른 욕심 없이 재산을 한 움큼 떼어다가 덥석 기부할 수 있을까?

케이블 뉴스 회사인 CNN을 설립한 테드 터너(Ted Turner)는 자신의 부가 쌓여가는 것을 보면서, '도대체 내가 이 많은 돈으로 뭘 하지?' 하는 의구심이 들자, 3년에 걸쳐서 자신의 재산의 반을 기부하기도 했다. 그런 그가 이런 말을 했다고 한다. "솔직히 말하자면, 기부금에 사인을 하면서 손이 떨렸다. 내가 이 세상에서 최고의 부자가 될 수 있는 경주에서 나 스스로 기권하는 것임을 알고 있었기 때문이다."

일반인들도 헤지펀드라는 것을 쉽게 이해하고 다가갈 수 있게 얘기한다는 것이 더 큰 위화감만 조성하는 이야기를 한 것 같다. 그렇다면 한국의 일반인들에게 있어서 이 헤지펀드라는 것은 어떤 의미를 갖는 것일까? 몇 억 원 이상의 돈을 선뜻 떼어서 한 사람의 매니저에게 맡길 수 있는 사람은 많지 않을 것이다. 그렇지만 알게 모르게 대한민국 국민의 대부분이 이러한 헤지펀드 투자에 참여하게 될 날이 멀지 않은 것 같다. 바로 우리가 꼬박꼬박 납부하고 있는 각종 연기금을 통해서이다.

헤지펀드 매니저들의 관점에서 볼 때, 대한민국의 국민연금, 사학연금, 군인공제회, 행정공제회 등과 같은 연기금들은 적게는 몇 조 원에서 많게는 몇 백조 원까지 보유한 거대한 기관 투자자이자, 엄청난 현금을 보유한 중요한 '고객층'이다. 서구사회에서도 보수적으로 운용되는 것으로 유명한 이러한 각종 연기금들이 투자대상의 다변화를 위해서 갈수록 대체투자(Alternative Investments) 분야에 주의를 기울이고 있는 현실이다. 전통적으로 비밀리에 사적으로 운용되곤 하던, 그래서 일반인들에게는 마냥 신비롭고 낯선 존재였던 사모펀드(private equity funds)나 헤지펀드들이 대표적인 '대체투자'의 대상으로 분류되는데, 이러한 펀드들 중에 알게 모르게 이미 당신이 납부한 돈으로 운용되고 있는 것들도 많이 있을 것이다. 게다가 2009년 2월에 자본시장 통합법이 도입되면서 우리나라에서도 헤지펀드를 설립할 수 있는 기반이 마련되었으니, 이는 한국의 헤지펀드 업계에 있어서 매우 고무적인 일이다. 앞으로 한국의 고액 자산가들은 물론 다양한 기관투자자들이 보다 적극적으로 대체투자에 참여하게 되면, 당신은 엄연한 '최종 투자자'가 된다.

이쯤 되면 헤지펀드 투자라는 것은 단지 남의 나라 부자들의 이야기가 아니다. 헤지펀드 업계에서 무슨 일들이 일어나고 있는지, 우리가 납부한 연기금이 이들을 어떻게 활용하고 있는지 그리고 앞으로의 투자 계획은 어떻게 되는지, 지금부터라도 관심을 갖고 지켜보자.

CFA 아니면 MBA?

"CFA is mile deep, foot wide ; MBA is foot deep, mile wide,"

("CFA는 좁지만 깊고, MBA는 넓지만 얕다.")

어느 토요일 오후, 집 근처의 카페에 나와서 커피를 마시고 있자니, 익숙한 얼굴의 여자 한 명이 걸어 들어온다. 얼마 전 뉴욕 한인들이 모인 한 연례만찬에서 만난 한 변호사 친구이다. 뉴욕의 변호사들은 워낙에 개인 시간이 없을 정도로 일이 많기로 유명한데, 이 친구가 이제 막 꿈같은 2주의 휴가가 시작되었다고 좋아한다. 어디를 가냐고 물었더니, "어… 어디 안가고 그냥 여기 있으려고"라고 한다. 남들은 이런 1년에 한번 있을까 말까 한 휴가를 이용해 캐리비안이다, 유럽이다 좀 더 멀리 현실로부터

도피하지 못해 안달인데, 왜 뉴욕에 남아 있으려 하느냐고 물으니, 시험공부를 해야 한단다. 이 친구가 마침 기업합병(M&A) 분야 전문 변호사여서, 꼭 필요한 것은 아니지만 더 늦기 전에 CFA(Chartered Financial Analyst), 즉 공인재무분석사 시험을 치르려고 등록을 해두었단다. 일 때문에 평소에 공부를 할 시간이 없으니, 휴가기간인 2주 동안 하루에 12시간씩 공부를 하면 시험을 통과할 수 있을 것 같다며 안도의 한숨을 쉰다. 이쯤 되면, '산 넘어 산' 정도도 아니고, '태산 넘어 더 큰 태산'이라고 해야 할 것 같다.

CFA 시험이 있는 6월이 가까워 오면, 맨해튼 곳곳의 카페들은 비슷하게 생긴 책들과 계산기를 테이블에 널려놓고 공부에 열중하는 사람들로 붐빈다. 내가 앉아 있는 자리 바로 옆에도 군청색 폴로셔츠 차림에 스포츠 시계를 차고 있는 대학생 같아 보이는 남자 학생 옆에, 노란 폴로셔츠에 머리가 살짝 벗겨진 40대 후반으로 보이는 아저씨까지, 하나같이 공부 삼매경에 빠져 있다.

대학을 졸업하면서 금융계로 진출하고자 하던 십여 년 전부터 나 자신도 수도 없이 물었던 질문 중의 하나가 'CFA 시험을 꼭 치러야 하는가?' 하는 것이었다. 아직까지도 나의 후배들이나 주변의 친구들이 내게 곧잘 묻는다. "CFA 시험 준비를 해야 하나요? MBA 지원 준비를 해야 하나요?" 하다못해, 이미 MBA를 마치고 투자 관련업에 종사하는 이들마저 헤지펀드업계 사람들을 많이 접하는 나에게 자주 묻곤 하다. "MBA까지 했는데, 네 생각에는 CFA 시험까지 꼭 봐야 할 것 같니?" 개인의 상황에 따라 다르겠지만, 일반적인 대답을 주자면 이렇다. 장기적으로 투자관리업에서 커리어를 쌓을 욕심이 있다면, 하루라도 늦기 전에 CFA 준비를 시작하라. 지금 시작하면 현재의 학업이나 업무에 크게 지장을 주지 않고 3년 안에 끝낼 수 있다. CFA와 MBA는 본질적으로 다르기 때문에, '이것 대신에 저것을 해라' 라고 단정적으로 조언을 하는 것은 무리겠지만, 구체적으로 투자관리업에 관심이 있는 사람이라면 MBA는 몰라도 CFA는 당장이라도 시작하라고 서슴지 않고 얘기해주고 싶다. 본인이 그 비용을 부담할 능력이 있고 좋은 학교에서 입학 허가를 받을 수만 있다면, MBA를 마다할 이유가 뭐가 있겠는가? 다른 학위들도 그렇겠지만, 특히 MBA는 많은 사람들에게 새로운 차원의 기회들을 열어주는 매우 효과적인 열쇠가 될 수 있는 것이 사실이다. 비싸기는 해도 제한된 비용에 비해서, 각자의 노력에 따라 이후에 얻을 수 있는 잠재적인 보상은 무한하다고 할 수 있겠다.

그렇지만 물론 MBA를 취득한 이후에 이를 잘 활용하여 한 단계 더 성장해 나가는 것은 각자의 몫이다. CFA 역시 취득 이후에 자격을 유지하기 위해 꾸준히 만족시켜야 할 요건들이 있기는 하지만, 특정 분야에서 국제적인 수준의 자격을 갖추었다고 '공인' 받는다는 점에서 MBA라는 '학위' 와는 엄연히 다른 동물이다.

　말콤 글래드웰(Malcolm Gladwell)의 《아웃라이어(The Out-liers)》라는 책을 읽은 사람이라면 기억할 테지만, 모든 사람이 태어나면서부터 자신이 원하는 바를 쉽게 얻을 수 있는 상황적인 요인을 가지고 태어나는 것이 아니며, 어떤 사람들은 순전히 '운'과 완벽한 '타이밍'으로 자신이 원하는 것을 추구할 기회를 쉽게 얻기도 한다. 하지만 결과적으로 어떤 기회가 주어졌을 때 이를 잘 활용하여 자신의 꿈을 이루는 것은 각자의 몫이다. MBA를 취득한 이후 각자가 추구할 수 있는 방향이 다양해질 수 있고 더 많은 기회로의 문이 열린다는 점에서, 교과과정 자체보다 더 중요한 것은 앞으로 올 기회에 대비하고 그 기회를 활용할 줄 아는 능력을 양성하는 것이라고 하겠다.

　현실적인 애기를 좀 더 하자면, 지원할 때의 합격 여부 또한 어느 정도는 운에 의존해야 하는 점이 없지 않다. 국제적인 교육 기관으로 자리매김을 하기 위해서 글로벌화와 다양성을 추구하는 각 경영대학원의 입학사정관들이 한 나라나 한 분야에 뛰어난 인재들이 몰려있다고 해서 그들을 모두 합격시킬 수는 없는 노릇이다. 그래서 여러 분야에서 다양한 배경을 지닌 지원자들을 한정된 숫자 내에서 뽑다보면, 지적 능력이나 업무 성취도가 뛰어난 지원자라고 해도 입학허가를 받지 못하는 경우도 있다. 그렇기 때문에 무조건적으로 특정 학위를 얻어야겠다는 집착을 버리고,

경영대학원을 통해서 얻는 훈련과 경험 그리고 인적 네트워크를 자신의 커리어를 발전시키는 데에 활용할 수 있는 '도구'로써 이해해야 한다고 얘기해 주고 싶다.

요즘 같은 경기에, 만만치 않은 비용을 들여 선뜻 MBA를 취득하러 가겠다고 마음먹기가 쉽지는 않을 것이다. 특히나 2008년의 글로벌 금융위기 이후에는 더더욱 그렇다. 얼마 전 참여한 5주년 동창회에서 내가 졸업한 경영대학원의 학장이 그런 얘기를 했다. 외국인 학생들에게 재정적인 보조를 더 강화할 수 없느냐는 누군가의 질문에 답하기를, 사실상 지금까지 대출을 받은 외국인 학생들의 체납률이 미국 내 학생들의 체납률보다 현저히 높아 왔기 때문에, 특히 지금 같은 시기에는 더욱 어려울 수밖에 없다는 것이다. 납득이 갈만도 한 것이, 미국인 학생들은 졸업 후 자기 나라에서의 신용점수를 계속 잘 관리해야 할 동기가 확실하지만, 외국인 학생들의 경우에는 미국의 사금융기관에서 쉽게 학비대출을 받아 졸업 후에 자신의 나라로 돌아가서 체납을 해버린다 해도 당장 크게 불이익이 돌아오지 않기 때문이다.

또한 2008년 이후로 경영대학원에 지원을 하는 사람의 수가 급격히 증가했는데, - 물론 갑자기 일거리가 없어져서 그 시기를 학업에 투자하려는 경우가 대부분이겠지만 - 무시할 수 없는 또 다른 이유는 앞으로 1~2년간 일을 안 하더라도 대신에 일을 했더라면 벌었을 수입, 말하자면 '기회비용'이 예전에 비해서 현

저히 낮아졌기 때문이기도 하다. 그러니까 앞으로 2년간의 잠재
적인 수입을 포기하고 학교로 돌아가기로 결정을 내리는 것이 상
대적으로 쉬워졌다는 얘기다. 미국의 웬만한 공공기관들이나 비
영리단체들이 재정난에 허덕이는 지금, 어찌되었건 지원자가 몰
릴 것을 잘 아는 학교 측에서는 학비를 올리면 올렸지, 이를 동
결하거나 대출요건을 완화해야 할 동기가 전혀 없다.

CFA의 경우에는 좀 더 결정을 내리기가 쉬울 것이다. 학습목
표도 보다 구체적이고, 한화로 몇 백만 원 정도 되는 비용 또한
MBA보다 훨씬 저렴하기 때문이다. CFA를 취득한 사람들의 수
요 또한 날로 증가하고 있으니 지원자가 나날이 늘어나는 것은
당연하다. 내가 그간 만나본 사람들 중 경력이 3~4년 미만인 주
니어 애널리스트부터 20~30년 가까이 되는 포트폴리오 매니저
들까지, 대부분이 CFA를 취득해 놓았거나 현재 취득하는 과정에
있다. 수십 년의 경력을 가진 베테랑들의 경우에는 사실 이러한
'공식적인 인증'이 의미하는 바가 크지 않겠으나, 아직 국제적으
로 '입증' 되지 않은, 경험이 상대적으로 부족한 매니저들의 경우
에는, 이러한 국제적으로 공인된 자격요인을 갖추고 있다면 하나
의 허들을 넘은 것이라고 봐도 무리가 없을 듯하다.

이미 전 세계의 투자업계 인력들 중에 이를 일찌감치 깨달은
이들이 많은 것 같다. 뉴욕이나 홍콩, 싱가포르 등지에서 이제 갓
대학을 졸업했거나 사회생활을 시작한지 몇 년 되지 않은 사람들

을 인터뷰해 보면, 뚜렷한 추세가 보인다. 한 해, 한 해가 갈수록 지원자들의 자격수준(qualifications)이 현저히 높아지는 것이다. 2개국어에 유창한 것은 물론이고, 3개국어, 4개국어 이상을 어느 정도 구사하는 사람도 허다하며, 무엇보다도 하나같이 대학에서 졸업하기 전에 CFA를 이미 마쳤거나 Level 1이나 Level 2까지 마쳐놓은 상태이다. 이런 현상은 세계 금융의 메카라고 할 수 있는 뉴욕은 물론이고, 아시아 금융의 중심으로 여겨지는 싱가포르, 홍콩 등의 지원자들 사이에서 더욱 여실히 드러난다. 실제로 각종 커리어 웹사이트들에 가보면, 헤지펀드나 자산운용사는 말할 것도 없고, 투자은행 내의 리서치 부서나 투자관리 부서 등에서 요구하는 자격요인에 이 CFA 취득이 거의 예외 없이 들어간다. 마켓이 좀 성황일 때에는 그저 'CFA preferred(CFA 선호)'라고만 하던 회사들마저 이제는 드러내놓고 'CFA required(CFA는 필수)'라고 명시하고 있다.

대부분의 회사들이 직원들에게 이러한 자격증의 취득을 권장하고 있고 합격을 하면 비용까지 대신 지급해 주지만, 간혹 '이미 기업평가도 다 할 줄 할고 실무에서 요구하는 지식과 기술은 다 갖추고 있는데, 왜 시간 많이 드는 시험공부를 시작하느냐?'하고 반문하는 곳도 있다. 그래도 몰래 해라! 이후에 다른 회사로 옮기게 되거나 자신의 펀드라도 차려서 투자자들의 돈을 유치해야 하는 상황이 오면, CFA를 가지고 있다는 사실이 어느 정도의 경쟁력을 심어줄 것이다. 특히 헤지펀드에 관심이 많은 사람들 중에 몇 년에 걸친 공식적인 펀드운용경력(track record)을 숫자로 증명해 보일 수 있는 경우가 아니라면, 자신이 국제적으로 공인된 인재라는 증거는 기본적인 필요요건이라고도 하겠다.

한국에서는 아직 잘 알려져 있지 않은 헤지펀드나 프라이빗 에쿼티와 같은 대체투자업(Alternative Investments)에 관심이 있는 사람이라면, CFA와 다소 비슷하지만 대체투자 자산들을 위주로 구성된 CAIA(Chartered Alternative Investment Analyst)라는 시험을 대신 고려하라고 귀띔해주고 싶다. 나 자신도 그렇지만, 평생을 시험공부에 매달리며 살아온 한국 사람들에게는 달갑지 않은 뉴스일지도 모르겠다. 그렇지만 홍콩, 싱가포르, 인도 등 할 것 없이 세계 곳곳에 우수 인력을 제공하고 있는 각국의 인재들과 경쟁하고 있는 현실에서, 역으로 생각해 보면, 평생 시험에 단련되어 있는 우리는 그나마 유리한 입장에 있다. 그까짓 거, 공부만큼 쉬운 게 어디 있는가. 당신이 매우 외교적이거나, 정치적이거나, 언변이 뛰어나거나 또는 믿을 만한 연줄이 있거나 한 경우가 아니더라도, 그저 혼자 남는 시간에 공부 좀 더 해서 국제적인 프로페셔널로서 공인을 받을 수 있다는 것이 다행이지 않은가.

대학원을 졸업한지 5주년을 맞아, 같이 졸업한 친구들과 이런 얘기를 했다. 이제 5년이 지나고 보니, 우리가 MBA라는 학위를 위해서 들인 돈과 시간과 노력이 '제값을 했다(paid off)'고 생각하느냐고. 우리가 입을 모은 것은 - 한 가지 확실한 것은 - MBA라는 것이 우리가 그전에는 막연히 꿈만 꾸었던 수많은 기회로의 문을 열어줬다는 것이다. 아카데믹한 의미에서의 성과로 치자면, 각자가 돌려받은 성과율(return)은 제각각일 것이다. 경영학에 대한 지식과 훈련이 전무했던 사람들 중에는 이를 악물고 공부해, 첫 번째 학기가 지나고 나서는 투자은행 출신의 동기들보다도 더 회사 분석(company valuation)을 잘 하는 사람이 되어 있는 경우도 있다. 수많은 워렌 버핏의 추종자들 중에는 졸업할 즈음에 자신이 항상 동경해 오던 '가치투자(value investing)'의 달인이 되어 있는 경우도 있다.

반면에, 학교 수업과 리크루팅을 병행해야 하는 많은 이들이 의도치 않게 학업을 소홀히 하게 되는 경우도 많다. 예를 들면, 투자은행에서 일하던 전직 뱅커(banker)들 중에는 수년간 지겹도록 해야 했던 회사 분석이니 경제학이니 하는 것들을 다시 공부해야 하는 것을 시간낭비로 생각하여, 대신에 앞으로 가고자 하는 분야의 인턴십을 잡거나 학업 외의 대외활동에 더 열을 올리는 경우도 많이 있다.

내가 대학원 첫 학기에 거주했던 아파트가 본래 법대 대학원생들을 위해서 지은 빌딩에 있었는데, 한번은 법대 대학원에 다니던 한 친구가 놀리듯이 말한다. "너희 경영대학원 애들은 놀려고 학교 다니지?" 그도 그럴 것이 우리가 도서관에 앉아 공부하고, 아침부터 여기저기 인터뷰하러 불려 다니고, 저녁이면 온갖 회사 설명회를 쫓아다니는 모습은 겉으로 보이지 않을 법도 한데, 일주일에 한 번씩 학교의 카페테리아에서 열리는 목요일 밤의 'Happy Hour'는 온 캠퍼스가 떠나갈 정도로 떠들썩하다. 끊임없이 제공되는 피자며, 파스타며, 맥주에 값싼 와인들. 그리고 밤늦게까지 이어지는 시끌벅적한 음악과 파티가 없었으면, 솔직히 고백하건데 그 스트레스를 견디기 힘들었을지도 모른다.

아직도 많은 사람들이 MBA라는 것에 대해 오해를 하기도 하고, 기업윤리(business ethics)가 이슈가 될 때마다 비즈니스 스쿨의 역할이 도마에 오르곤 한다. 작년부터는 미국의 몇몇 경영대학원들이 선두가 되어, 의사들이 하는 히포크라테스 선서(The Hippocratic Oath)와 같이 윤리강령에 준수할 것을 맹세하는 'MBA Oath(MBA 서약)'를 도입하기 시작했다. 이러한 변화가 얼마나 정확히 현실을 반영하고 또 효과적인 결과물을 낳을지에 대해서는 의구심이 들지만, 시대의 변화에 따라 MBA 프로그램이나 다양한 공인인증 시험들에서 강조하는 우선순위 또한 진화해가는 것이 사실이다. CFA가 되었건, CAIA가 되었건 또는 MBA가 되었건, 결국은 개인의 선택이다. 하지만 머리를 싸매고 커리어의 다음 단계를 고민하고 있을 한국의 수많은 젊은이들이 '간판'이라는 허영 또는 단순한 자기만족(self gratification)을 위해서가 아닌, 시대의 변화에 대비한 각자의 현실에 맞는 현명한 결정을 내렸으면 하는 바람이다.

버니가 들고튀었어
(Bernie 'made off')

"Sic transit gloria mundi.(Thus passes worldly glory.)"

("세상의 영화는 그렇게 사라져간다.")

— 찰스 폰지(Charles Ponzi)가 법정을 떠나며 남긴 말

옛날 옛적, 20세기 초에, 찰스 폰지라는 사람이 있었다. 이 사람이 자신의 이름을 역사에 길이 남기고 죽었으니, 그의 성(last name)이 일반 명사화된 계기는 다름이 아니라 그가 꾸며낸 희대의 사기극이었다. '폰지'라는 말이 더 이상 어떤 이태리계 집안을 일컫는 대명사가 아닌, '돌려막기'를 뜻하는 일반어가 된 것은 이미 한 세기에 가까운 시간이 지난 일이다.

스물한 살의 나이에 아메리칸 드림을 쫓아 미국으로 건너온 이
태리인 찰스 폰지는 90일 안에 100%의 수익률을 올리겠다는, 즉
투자한 돈을 두 배로 불려주겠다는 말로 수많은 투자자들을 끌어
모은다. 그러나 자신이 꾀했던 차액(arbitrage) 투자기법을 실현
하기 어려움을 깨닫고는, 실제로 투자를 통해 수익을 내는 대신
에 새로운 투자금을 계속해서 유치하여 기존의 투자자들에게 지
급하는 방식으로 사업을 불려나간다. 결국에 덜미가 잡히고 옥살
이 끝에 본국인 이태리로 추방을 당하고도 그는 계속해서 사기에
사기를 거듭하는 삶을 살아간다. 그러다가 브라질로 옮겨 마침내
합법적인 직장을 잡지만 가난 속에서 초라하게 말년을 보내고,
1949년에 리우데자이네이루의 한 자선병원에서 생을 마감한다.
폰지 사기극으로 인한 피해액은 당시 돈으로 2천만 불, 현재 가
치로 추정하면 2억 불이 넘는 돈이다. 폰지의 사기극을 파헤친
〈보스턴 포스트지(The Boston Post)〉는 그 덕분에 퓰리처상
(Pulitzer Prize)까지 수상을 했고, 폰지의 이름은 그렇게 '희대
의 사기꾼'으로 역사에 남겨졌다.

오늘날의 원화로 치면 2천억 원이 넘는 어마어마한 돈이지만,
이를 비웃기라도 하듯 같은 '돌려막기' 방식으로 무려 70조 원
이 넘는 엄청난 스케일의 일을 친 사람이 있다. 이름인즉슨, 버
나드 메이도프(Bernard Madoff). 더 이상의 악재는 있을 수 없
을 것 같던 2008년 12월의 어느 월요일 아침, 매주 뉴욕과 싱가

포르의 팀이 한 주를 시작하기 위해 갖는 컨퍼런스 콜이 시작되었다. "삐리릭", "삐리릭…." 그날따라 한 사람씩 접속을 할 때마다 울리는 신호음 후에 보통 들려오는 "좋은 아침!", "좋은 저녁!" 하는 인사가 없다. 싱가포르에 있던 나의 상사가 힘없는 목소리로 첫 운을 뗐다. "So… Bernie 'made off', huh?" 전 세계의 투자업계를 발칵 뒤집어 놓은 사상 초유의 폰지 사기극이 밝혀진 직후에 가진 첫 컨퍼런스 콜이었다. 650억 달러라는 피해금액은 코스피 최대 상장사인 삼성전자의 당시 시가총액의 절반을 훌쩍 넘는 금액이었다. 우리나라의 코스닥과도 같은 뉴욕의 나스닥(Nasdaq) 증권거래소 위원장까지 지낸, 비밀스럽기는 하나 수십 년간 투자업계의 거물로 존경받아온 버나드 메이도프라는 사람이 하루아침에 사상 초유의 사기꾼임이 드러났으니, 그 충격의 여파를 타진하느라 업계가 정신이 없는 상황이었다. 다행히 내가 일하던 회사가 운용하던 펀드들은 이 '버니'라는 사람과 전혀 투자관계를 맺고 있지 않았기 때문에 직접적인 피해가 없었으나, 수많은 투자자들이 실사(due diligence)도 제대로 하지 않은 채 그의 평판만 믿고 투자를 하는 바람에 피해가 무지막지한 상황이었다. 그 당시 가장 피해를 많이 입은 이들 중에는 그를 무조건 믿고 돈을 맡긴 숱한 부유층 인사들이 많았고, 오래 전부터 메이도프의 펀드에 투자를 해놓고는 철저하게 지속적인 실사를 하지 않은 다수의 투자자들 중에, 우리와 같은 '펀드 오브 펀즈(Fund of Funds)'로 분류되는 이들도 꽤 있었다.

한 사람의 사기꾼으로 인해서 업계 전체가 불신을 살 수 있는 심각한 상황이었기 때문에, 직접적인 피해를 입지 않았다고 해서 결코 남의 애기로만 여길 수는 없는 노릇이었다. 그래서 우리 팀이 그 한 주를 시작한 화두는, "그래서… 버니가 다 들고튀었다며?"였다. 스케일이 다를 뿐이지 그 한마디 안에는, 마치 평화로운 작은 시골 동네에서 몇 십 년을 알고 지낸 후덕해 보이던 동네 아줌마가 온 동네 아낙네들의 곗돈을 다 들고튀었다는 것을 알았을 때에 견줄 정도의 정신적인 충격과 허탈감이 모두 함축되어 있었다.

우연인지 필연인지, 이 사기꾼의 성인 메이도프(Madoff)는 영어로 '들고튀었다' 라고 해석할 수 있는 '메이드 오프(made off)' 와 발음이 같아, 이후에도 신문이나 방송 등에서 그의 이름을 비꼬아 '버니가 들고튀었다' 며 비아냥거리곤 했다. 최근에는 이 사람의 며느리가 공식적으로 성을 바꾸겠다고 법원에 청원을 냈을 정도로 이 이름은 사기꾼의 대명사가 되어 버렸으니, 이제는 '폰지 사기극(Ponzi Scheme)'의 신조어로 '메이도프 사기극(Mad-off Scheme)' 이라 해야 하지 않을까 싶다.

메이도프라는 이름은 그 이후로 한동안 지겹도록 각종 TV며 신문의 헤드라인을 장식했다. TV를 켜면 피해자들의 인터뷰가 줄지어 방영이 되기도 했는데, 세련되게 차려 입은 노부인이 "그 놈이 그럴 줄은 몰랐지!" 하며 이를 가는 모습이며, 현금이 궁해진 피해자들이 고이 간직해 오던 그림이며 예술품들을 팔기 위해 갤러리에 내놓는 장면들을 드물지 않게 볼 수 있었다. 내다 팔 집이나 예술품이 있는 사람들은 그나마 다행이다. 비밀스럽게 운용되던 버니 메이도프라는 사람의 펀드에 투자한다는 것 자체가 업계에서뿐만 아니라 일부 자선단체들(charities)을 운영하는 부유층 인사들 사이에서는 마치 회원전용 클럽(Members Only Club)에 들어가는 것과 같은 특권으로 여겨졌었기 때문에, 그런 '특별한 기회'에 감개무량하여 퇴직자금이나 단체의 기금을 몽땅 가져다 바친 순진한 피해자들도 많이 있었다.

기억하자. '올인(All-in)'이라는 말은 도박에서나 쓰는 말이다. 여러 개의 계란을 절대로 하나의 바구니에 담지 말라고 그렇게 숱하게 얘기했건만!

그 이후로 한동안 나도 펀드매니저들을 만나거나 외부 투자자들을 만날 때마다 '우리가 운용하는 펀드 오브 펀즈(Fund of Funds)는 메이도프로 인해 입은 손해가 전혀 없습니다'라는 해명을 입에 달고 다녀야 했고, 매일같이 '알고 보니 유명인사인 누구누구도 메이도프의 피해자였다'더라느니 '어느 자선단체는 자금을 완전히 날렸다(wiped out)'느니 하는 소문을 듣지 않고는 하루가 지나가지 않았다. 그렇게 메이도프로 인한 충격으로 펀드매니저들과 투자자들 모두 지뢰밭 위를 걷듯 조마조마해 하던 시기에, 홍콩에 있던 한 매니저가 뉴욕 투자자들의 분위기를 파악

하기 위해 며칠 출장을 왔다. 막 다른 투자자를 만나고 오는 길이라는 그가 하는 말이, 방금 파크 애비뉴에서 은발 머리에, 매부리 코에, 꼭 메이도프와 똑같이 생긴 사람을 보았단다. 그러면서 "메이도프의 집이 파크 애비뉴에 있으니까 내가 본 그 사람이 바로 메이도프였을 수도 있지 않을까?"라고 한다. 150년의 형량을 다 채우고 가지 못할 것이 분명한 그가 이 세상을 떠난 후에도, 파크 애비뉴를 중심으로 한 뉴욕의 어퍼이스트사이드(Upper East Side)에는 메이도프의 잔상(Ghost of Madoff Past)이 유령처럼 남아서 떠돌 것 같은 느낌이다. 나부터도 그 근방에서 길을 걷다가 메이도프와 비슷한 인상의 중년의 남자를 보면 괜히 위아래로 훑어보는 습관이 생겼을 정도이니 말이다.

이렇게 한 사람이 벌인 70조 원어치의 사기극의 여파는 영원히 회복될 수 없는 사람들 사이의 '불신'으로 오래도록 곳곳에 남겠지만, 한때 그가 고급 아파트들이 늘어선 파크 애비뉴에서 누리던 부귀영화는 먼지처럼 그렇게 사라져 버렸다. 거듭된 사기극 끝에 다시 무일푼으로 돌아간 찰스 폰지가 그랬듯이.

Déjà Vu : 1997 vs 2008

"**That which** does not destroy, strengthens."

("파괴되지 않는 것은 더욱 강해진다.")

– 프리드리히 니체(Friedrich Nietzsche)

"Oh, my God! The market is melting down!"

2010년 5월 6일 오후였다. 대표적인 미국의 주가지수인 다우존스(Dow Jones)가 갑작스레 곤두박질치기 시작했다. 말 그대로 마켓이 녹아내리는 듯했다. 한국의 싸이월드처럼 미국에서 가장 대중적인 소셜 네트워킹(social networking) 사이트인 페이스북과 트위터에는 이 이해할 수 없는 주가의 움직임으로 인한 사람들의 충격이 고스란히 올라오기 시작했다. 〈블룸버그〉며 〈월스트리트저널〉과 같은 경제, 금융계의 뉴스를 주로 다루는 언론사의 웹사이트들은 각종 우려와 추측성 기사들로 시끌벅적했다.

그날 저녁, 마침 뉴욕의 첼시(Chelsea)라는 동네에서 열렸던 한 갤러리의 오프팅에 가니, 오랜만에 모여든 친구들이 차갑게 마련된 화이트와인을 단숨에 들이키며 하나같이 그날 사무실에서 연출되었던 혼란스럽던 상황에 대해 쉴 새 없이 이야기하고 있었다. 다우존스가 졸지에 1,000포인트나 빠지는데, 아무도 뚜렷한 이유를 찾지 못했다. 어느 정도였는가 하면, 한 시점에 엑센추어(Accenture)라는 세계적인 컨설팅 회사의 주가가 1센트(10원 정도)까지 떨어지고 미국의 대표적인 블루칩 주식의 하나로 60달러에 거래되던 피앤지(P&G)의 주식이 순식간에 40달러 아래로 내려갔을 정도였다. 다행히도 장이 마치기 전에 대부분의 주식들이 본래의 주가 수준을 회복하였으나, 하루 중에 하락(intraday decline)한 포인트 수로 신기록을 세웠을 정도였다. 내가 같이 일한 적이 있는 한 펀드매니저는 이날의 충격을, 전 세계의 증시가 폭락했던 1987년 10월 19일의 'Black Monday(검은 월요일)'에 빗대어 'Black Thursday(검은 목요일)'라고 불러야 할 정도였다고까지 말한다. 20여 년 전 증권거래소에서 화면 속의 차트가 곤두박질치는 것을 넋을 잃고 올려다보던 경험을 얘기하면서 그는 데자뷰(Déjà vu)를 경험했을 정도라고 한다. 워낙에 거시 경제적인 변수가 많은 상황이었기 때문에 그리스의 경제위기나 워싱턴에서 진행 중이던 규제개혁에 관한 논쟁 등이 이유일 수 있다는 추측이 난무했지만, 그보다도 일부 트레이더의 주문 실수가 증권 거래시스템에 엄청난 파장을 일으켜 도미노처럼 자동 프로그램 트레이딩을 유발시켰을 것이라는 예측이 압도적이었다. 자라보고 놀란 가슴이 솥뚜껑보고 놀란다고, 불과 2년 전에 금융시장의 위기를 목격한 이들은 심장이 덜컥 내려앉았을 만도 하다.

그날의 증시 폭락은 하나의 해프닝으로 마무리되었지만, 2008년의 금융위기와 세계 경제침체의 여파는 여전히 곳곳에서 느낄 수 있다. 내 주변의 미국인 친구들 중에는 2010년 올해에 학부 10주년 동창회와 대학원 5주년 동창회를 동시에 맞은 이들이 많이 있다. 대학원 5주년 동창회의 스케줄을 보니, 한 주말에 걸쳐 다양한 세미나들과 만찬들, 칵테일과 댄스파티 등으로 빽빽하게 짜여 있다. 그러고 보니, 금융위기가 불거지기 전이었던 2007년엔가 홍콩에서 열렸던 아·태지역 동창회 때에는 참가비만 500~600불, 그러니까 우리 돈으로 60~70만 원이어서 기가 막혀 하기도 했었는데, 5주년을 기념하여 더 화려하고 거창할 만도 한 올해의 동창회는 모든 프로그램을 다 참가해도 300~400불 남짓 할 정도로 비교적 검소했다. 많은 동기들이 큰 기대를 안고 학수고대하기는 했지만, 금융계를 한바탕 휩쓸고 간 허리케인의 잔해 속에 남아 있는 이들에게 이런 행사들은, 금액이 얼마가 되었건 간에, 억지로 짓는 웃음같이 어색하게 느껴지기도 했다.

하루는 메일함을 열어보니, 덩그러니 봉투 하나가 놓여있다. 무언가 하고 꺼내 집은 나의 반응은 시큰둥했다. "또야…?" 그냥 휴지통에 버려도 될 것을 습관처럼 뜯어서 열어 보았더니, 정성스레 준비된 듯한 한 장의 카드의 표지에 머리카락이 하나도 남지 않은 어린 아이들의 천진한 얼굴들이 담겨있다. 그리고는 어김없이 같이 딸려온 작은 종이(slip)에 신용카드 번호와 금액을 적어달라는 빈 칸들이 눈에 띈다. 2년 전엔가, 잊을 만하면 날아오는 기부금 요청 편지에 '외식 한 번 덜했다 치자' 하고는 얼마간의 금액을 보냈더니, 이제는 거의 매달 꼬박꼬박 기부를 요구하는 편지가 날아온다. 어제는 학교의 동창회 명목으로 또 무슨 편지가 와서 뜯어보니, 비슷하게 생긴 종이에 역시나 신용카드 번호와 액수를 요구하는 공란들이 보인다. 그뿐이 아니다. 작년까지만 해도 무료로 제공되던 몇몇 비영리 전문인 단체의 모임들이 갑자기 약속이나 한 듯이 연간 회비를 요구하기 시작했다. 박물관들도 마찬가지이다. MoMA라고 더 잘 알려진 내가 좋아하는 뉴욕의 현대미술관 또한 이미 유료인 멤버십을 어서 연장해달라고 끈질기게 편지를 보내온다. 뉴욕의 실업률(unemployment rate)이 10%를 넘나들고, 얼어붙은 고용이 풀릴까 말까 하는 마당에 여기저기서 돈을 내놓으라고 편지를 보내오는데, 그걸 일일이 찢어서 휴지통에 버리면서 '종이 값이며 우표 값이나 절약을 할 것이지…' 하는 생각이 든다.

얼마 전에는, 역시 MBA 출신인 한 친구가 이런 얘기를 했다. "오늘 아침에 내가 졸업한 경영대학원 학장(Dean)이 직접 나에게 개인적인 이메일을 보냈어!" 차마 믿기지 않아, "설마…. 모두한테 단체로 보낸 형식적인 이메일 아니야?" 했더니, 자신의 블랙베리를 꺼내서 직접 보여준다. 자세히 들여다보니, 경제계의 유명인사라고도 할 수 있는 그 학장이 정말로 본인 이름의 이메일로 직접 그에게 보낸 글이다. 그 이메일의 첫 줄은 이랬다. "모건 스탠리(Morgan Stanley)의 전무가 되신 것을 축하드립니다!" 다니던 헤지펀드가 문을 닫는 바람에 그 친구가 실업자가 되었던 것을 알고 있었기에 내가 황당해 하며 묻자, 그가 설명을 한다. 실제로 알아보니 동명이인인 어떤 사람이 최근 그 회사에서 전무(Managing Director)로 승진을 했단다. 물론 같은 이름을 가진 바람에 잘못 이메일을 받은 나의 친구보다는 경력이 한참은 많은 선배이다. 이메일의 내용인즉슨, 힘든 시기에 승진까지 했으니 학교에 기부 좀 해달라는 이야기였다. 주식을 비롯한 각종 금융자산들에 투자를 하여 운용되곤 하는 대학들의 기부금 자산들(endowments) 역시 금융위기의 타격을 받는 바람에 많은 대학들이 재정난에 시달리는 것은 알고 있었지만, 이렇게 학장이 개별적으로 나서서 기부금 유치 노력을 해야 할 정도인지는 사실 나도 모르고 있었다. '학교나 병원같은 비영리 기관들은 그렇다쳐도, 헤지펀드 매니저들은 여전히 희희낙락하고 있겠지…' 하는 사람이 있을지 모르겠는데, 그것도 헤지펀드 나름이다. 많은 헤지펀드 매니저들에게 있어서 상황이 힘든 것은 마찬가지이다.

내가 아는 한 매니저는 자신이 다니는 교회며 졸업한 고등학교 등에 매년 기부를 해왔었는데, 지난 1~2년간 재정적으로 힘들어진 모교 측에서 최근 들어 더 집요하게 기부금을 부탁해 왔다고 한다. 그런데 점잖은 성격의 그가 오죽하면 대놓고 그랬다고 한다. "올해에는 당신네보다 내가 더 힘들다. 2008년에 난 손해 때문에, 앞으로 몇 년 동안 투자자들에게 성과금(incentive fees)도 청구하지 못하고 일해야 할지 나도 모른다. 그러니까 이번에는 학교 측에서 나한테 돈을 좀 투자하는 것이 어떠냐?"라고.

며칠 전에는 또 다른 친구가 속 시원해지는 얘기를 하기에 한바탕 웃은 적이 있다. 보통 '누구누구 씨, 모교에 대한 변함없는 성원에 올해도 깊이 감사드립니다. 다름이 아니라, 최근의 극심한 경제위기의 여파로 학교의 재정이 엄청난 고비를 맞고 있습니다. 동봉한 종이에 너그러이 기부하실 금액을 적어서 보내주시면, 앞으로 이 학교의 발전에 매우 뜻 깊은 기여가 될 것입니다'라며 매일같이 날아드는 편지에, '누구누구 씨'와 '학교'를 찌익 긋고 보낸 이와 받는 이를 바꿔 써서 학교 측으로 모두 돌려보내자는 이야기이다. 웃자고 하는 얘기지만, 요즈음 그렇게라도 손을 내밀 수 있는 데가 있었으면 좋겠다는 이들이 한둘이 아닐 것이다.

"너희들, 설마 진짜로 금을 모아서 바쳤어?" 내가 한국 사람이기 때문에 가장 많이 들은 질문들 중의 하나가 바로, 한국이 IMF 구제금융을 받던 당시에 있었던 '금 모으기 운동'에 대한 것이다. 그러면 나는 비장한 어조로 이렇게 대답한다. "응, 집집마다 옷장에 숨겨진 금딱지들을 하나하나 모아서 바치니 나라가 살아나더군." 그러면 하나같이 눈이 동그래져가지고는 못 믿겠다는 표정을 짓는다. 그 당시 300억 달러가 넘던 외채 중에 이렇게 사람들이 자발적으로 모아서 나라에 기부한 금붙이들이 액수로 20억 달러가 넘었으니, '금을 모아서 나라를 살렸다'라기보다는, 그러한 움직임을 통해 한국 사람들의 '응집력'과 위기를 극복하겠다는 정신력을 보여주었다는 사실 자체가 외국인들에게는 신선한 충격이었던 것이다.

지난 80년간 전 세계에 크게 일곱 번의 금융위기가 있었다. 그중 한국 사람은 물론이고 아시아인이라면 누구나 생생하게 기억할 1997년의 아시아 외환위기. 처음으로 겪은 아시아 전체를 뒤흔든 금융위기는 많은 이들에게 극심한 충격과 혼란을 가져다주었지만, 그렇게 한바탕 홍역을 치르고 대대적인 개혁을 거친 덕분에, 10년 이후 전 세계 은행업계에 위기(global banking crisis)가 닥쳤을 때 한국을 포함한 아시아계 은행들은 상대적으로 타격을 덜 받았다고 할 수 있다.

아시아 금융위기, 그 이후 10년. 전 세계가 한바탕 위기를 겪고 난 후, 이제 경기가 회복기에 들어섰다고 믿는 듯한 아시아와는 달리, 구미지역의 사람들은 '이번의 위기는 예전과 다르다' 는 주장과 함께 여전히 긴장을 놓지 못하고 있다. 낙천적인 'Bull들' 과 비관적인 'Bear들' 의 상반되는 입장 중에서, 많은 이들이 'Bear' 의 주장에 힘을 주고 있는데, 그도 그럴 것이 미국뿐만 아니라 많은 유럽 국가들이 재정난에 허덕이고 있고, 고용을 비롯한 성장의 원동력이 되어야 할 경제의 근간(fundamental)이 회복되지 못하고 있기 때문이다. 구미지역의 경제가 계속해서 허덕이면, 아무래도 아시아를 비롯한 여러 신흥국가들 또한 영향을 받을 수밖에 없다. 이런 상황에서 아직 안심하는 것은 시기상조이지만, 그나마 좋은 소식은 내수보다 수출에 상당수 의존하여 성장을 지속해온 한국의 경제가 선진국들이나 신흥경제국들에 비해서 놀랍게도 꾸준히 선전하고 있다는 것이다.

미국의 많은 경제학자들이 현재 한국의 경제를 'surprisingly resilient하다' 고 평가하는데, 이는 거품경제에 대한 회의론이 더욱 불거지고 있는 지금, 한 나라의 경제가 기대할 수 있는 최고의 찬사라고도 할 수 있겠다.

"Resilient (adjective) : [of a substance or object] able to recoil or spring back into shape after bending, stretching, or being compressed; [of a person or animal] able to withstand or recover quickly from difficult conditions."

옥스퍼드(Oxford) 사전에서 정의한 'resilient' 라는 단어의 뜻이다. 물건이라면, 외부의 힘으로 형태를 변화시켰을 때 다시 본래의 모습으로 돌아가는 '탄성' 과 같은 것이라고 설명해야 할 테고, 사람이나 동물이라면, 어려운 상황에서 재빨리 회복하거나 견뎌낼 수 있는 '회복성' 으로 이해해야 할 것 같다. 예전 같으면, 긍정적인 신호를 보이기 위해서 경제학자들은 'growth(성장)' 를 노래하고, 펀드매니저들은 'absolute return(절대 수익)' 이니 'alpha generation(시장과 무관한 수익창출)' 을 외쳐대곤 했지만, 금융위기를 겪으면서는 "We are resilient!" 라고 하는 것이 자신감과 동시에 현실감각을 표현하는 말이 되어버렸다. 그도 그럴 것이 오늘날과 같이 각국의 경제가 밀접하게 연결되어 있을 때에는 일부 경제대국의 침체가 세계경제의 침체로 이어질 수 있고, 각국의 금융시장들은 더욱 큰 연관성(correlation)을 보이며 다 함께 폭락하기도 한다. 이런 상황에서 다른 나라들보다 재빨리 튀어 올라, 자국의 경제활동을 지속시키고 미미하게나마 성장을 유지할 수 있는 힘은 더더욱 빛을 발하게 된다. 헤지펀드 업계에서도 마찬가지이다. 그래서 마켓이 곤두박질치고 비슷한 투자 전략을 구사하는 펀드들이 하나같이 손실에 손실을 거듭하는 가운데에 유독 적은 손실을 내거나 또는 본연의 투자 전략을 구사할 수 있는 기회가 돌아왔을 때 이를 발 빠르게 활용할 수 있는 '회복력' 을 보여주는 헤지펀드들은 그다지 많지 않다.

어떤 타격을 받았을 때에 굴하지 않고 다시 일어날 수 있는 힘, 그것은 경제나 금융시장 또는 헤지펀드들에게만 해당되는 얘기는 아니다. 개개인에게 있어서도 마찬가지가 아닌가 싶다. 나부터도 2008년의 금융위기를 체험한 이후로 앞날에 대해 다시 깊이 생각해 보는 시간을 갖게 되었고, 주변에서도 십수 년간 겉에서 보기에는 탄탄한 커리어를 쌓아온 사람들이 다시금 웅성대며 불안해하는 것을 수없이 보았다. 많은 펀드매니저들이 이런 위기를 기회로 활용하여, 포트폴리오의 구성을 재점검하고 현금을 늘리거나 레버리지(leverage)를 줄이는 등의 '포트폴리오 리밸런싱(portfolio re-balancing)' 에 전력을 다한다. 마찬가지로 개개인들도 끈기를 가지고 때를 기다림과 동시에, 미래에 또다시 찾아올 기회에 대비하여 자기 자신을 재정비 하는 데 집중할 수 있는 정신력을 발휘해야 할 때가 아닌가 싶다.

Knock On Wood

"The impossible sometimes happens and the inevitable sometimes does not."

("어떤 때에는 결코 일어날 수 없는 일이 일어나고, 어떤 때에는 일어날 수밖에 없는 일들이 일어나지 않는다.")

– 다니엘 카네만(Daniel Kahneman)

무슨 목수도 아니고, 미팅룸에서 열띠게 토론을 하다가 하루에도 여러 번씩 나무를 찾아 헤매는 상황이 연출된다. 행여나 테이블이나 의자가 금속으로 되어 있는 경우에는 사람들의 표정에 아주 짧은 순간, 패닉의 기운마저 스쳐간다. 이것이 코미디 영화의 한 장면이라면, 단단히 넥타이를 갖춰 매고 점잖게 양복을 빼입은 신사들의 이마에 송골송골 땀방울이 맺히는 모습을 클로즈업으로 보여줘야 할 것 같다. 그리고는 마침내 나무로 된 미팅룸의 문을 발견하고는 등 뒤로 의자를 기울여 팔을 쭉 뻗쳐서라도 나무를 두드리고야 만다. 그러면서 안도의 한숨을 쉬며 하는 말, "Knock on wood…." 미국 사람들은 무슨 좋은 일이 있었던 얘기를 신나게 하다가도, 행여나 그 운이 그칠까 조마조마한 심정으로 나무를 두드리곤 한다. 그래서 많은 펀드매니저들이 "올해에 저희 펀드의 수익률이 굉장히 좋습니다" 하고 자랑삼아 얘기하고 나서, 이내 불안해하며 "Knock on wood!" 한다. 영국이나 호주 사람들도 표현만 다를 뿐이지 마찬가지인데, 이들 또한 행여나 행운의 행진이 그칠까 불안해하며, "Touch wood…"라는 말을 잊지 않는다.

한국이나 중국 사람들만 미신을 믿는가? 절대 아니다. 정도의 차이가 있기는 하지만, 인간인 이상, 자신이 컨트롤할 수 없는 정체불명의 힘이 두렵지 않은 사람이 어디 있을까. 문득 생각하니, 오히려 미신을 좋아하는 한국 사람들은 "잘 해!", "힘내!"라고 말할 때, 서양 사람들은 "행운을 빌어(Good luck)!"라고 한다. 누가 재채기라도 할지라면, 생전 모르는 사람에게도 꼭 "God bless you!" 한다.

적게는 몇 십억, 몇 백억 원에서 많게는 몇 조 원 이상을 운용하는 펀드매니저들 또한, 자신이 컨트롤할 수 없는 변수들에 대해서는 은연중에 행운의 힘을 빌게 되나보다.

2008년 초, 세계에서 가장 큰 월가의 은행 중의 한 곳에서 요직을 떠난 이후, 자신의 헤지펀드를 차리고자 준비 중인 사람이 있었다. 세계 금융위기로 인한 불안감과 금융체계에 대한 불신으로 인하여 긴장이 나날이 더해지고 있을 즈음, 새로이 시작하게 될 펀드들을 소개하는 '라운드테이블' 형식의 이벤트에서 그의 프레젠테이션을 볼 기회가 있었다. 이런 자리를 통해서, 펀드매니저들은 펀드 어브 펀즈나 가족 단위로 운영되는 패밀리 오피스 또는 각종 기관들의 연기금 등을 한꺼번에 만나 자신의 펀드를 소개하는 기회를 갖게 되는데, 소문만 무성하던 그의 펀드가 처음으로 공식적인 이벤트에 등장한 것이었다. 참가자들의 질문공세가 지속된 장시간의 Q&A 세션이 끝나고, 내가 다른 펀드의 프레젠테이션으로 이동하기 위해 막 걸어 나가려는데, 방금 프레젠테이션을 마친 그 펀드매니저와 눈이 딱 마주치고 말았다. 커다란 컨퍼런스 테이블을 꽉 채우고 있던 투자자들 중에 내가 몇 안 되는 여자들 중 하나이기도 했고, 유일한 동양인인지라 눈에 띄기도 했을 터였다. 예의상 잠시 멈춰 서서 인사를 하고 짧은 대화를 나누다가 애기를 마무리하려는데 얼떨결에, "새로 펀드 시작한 것을 축하합니다!" 하고 말았다. 그리고는 0.5초 만에, '아차…' 하고 당황한 나. 이건, "I take it back!" 하고 이미 뱉어 낸 말을 취소할 수도 없는 노릇이었다. 미팅 내내 이 사람이 '아직 정확히 언제 펀드를 열지는 모르겠지만, 아마 몇 개월 후가 될 것 같다'라고 거듭 강조하지 않았던가! 나보다도 더 당황한 그가 다급히 말하기를, "아직 펀드 안 열었다니까!" 한다. 업계 사람들 사이에서 기정사실로 알려져 있기는 했지만, 여러모로 불확실성이 산재되어 있던 당시의 분위기를 볼 때, 그 누구라도 조심스러울 수밖에 없는 때였다. 누구라도 중요한 일을 앞두고는 무슨 징크스라도 생길까봐 조마조마하게 마련인데, 거기에다 대고 '축하한다'고 미리 말을 했으니 펄쩍 뛸 만도 했다.

수개월이 지나고 그 해의 가을과 겨울 내내 대형 투자은행들마저 계속되는 유동성위기로 생존의 갈림길에 처하게 되었고, 모두들 하루하루를 가슴을 졸이며 지나가는 나날들이 계속되었다. 몇 달 내에 열 계획이라던 그 펀드의 소식이 몇 달째 잠잠해 궁금해 하던 어느 날, 마침내 뉴스가 들려왔다. 지속되는 투자은행들의 생존 위기 속에서 자주 구설수에 오르던 그가 결국은 오프닝을 전면 취소하고 이미 열었던 사무실마저 일제히 닫고 말았다고.

모든 것을 운에 맡기고 모든 결과를 운의 탓으로 돌릴 수 있다면, 세상에 걱정할 것이 하나도 없지 않을까. 나도 이런 '운'의 존재를 믿기는 하지만, 운에 대한 태도는 능동적이어야 한다는 것이 나의 주장이다. 투자관리업에 종사하며 펀드매니저들을 하도 많이 만나다 보니 느낀 것인데, 무엇보다도 자신이 내린 결정에 내재된 보상(upside potential)과 잠재된 위험(downside risk)을 최대한 미리 짚어보는 것이 정말 중요하다.

나의 경우에는 어떤 결정을 내리기 이전에, 먼저 세상에 이미 알려진 확인된 사실과 정보들을 수집하여 나의 상황에 적용해 보고 가능한 시나리오들을 가늠해본다. 남들이 내게 하는 얘기는 어디까지나 그 사람들의 생각이고 내가 선택적으로 참고할 사항일 뿐이지, 그 누구도 나의 결정을 두고 '그건 무리다' 라든지 '그거 쓸데없다' 라고 말할 수 없다. 누가 되었든지 간에, 자신에게 수동적으로 주어진 기회는 물론 자신이 능동적으로 추구한 이상 또한 그 사람만의 것이다. 남들이 생각하는 '안 되는 이유' 라든지 '나중에 후회할 이유'를 굳이 나의 '모델'에 적용해야 할 요인들로 고려할 이유가 없다. 나의 '고정 값'과 내게 알려진 '변수' 들은 누구보다 나 자신이 가장 잘 알고 있기 때문이다.

내게 있을 수 있는 최악의 시나리오는 무엇이며, 그에 반해 내가 얻을 수 있는 최상의 보상은 무엇인가를 예측하기 위해서는 나만의 고유의 '위험과 보상 모델(risk and return model)'을 돌려보아야만 한다. 하지만 최상과 최악의 그 두 가지 시나리오들 사이에 어떤 다른 시나리오들이 존재할지는 실제로 부딪혀보지 않고는 알 방법이 없다. 내가 수집할 수 있는 모든 정보를 수집하고 할 수 있는 모든 노력을 다 하고서도, 어딘지 모르게 불안한 마음이 남는 것은 어쩌면 당연한 일이다. 어떤 인기 음료수의 TV 광고 멘트처럼 '2% 부족하다'는 느낌이 든다면, 그 '2%' 는 그냥 행운의 여신에게 맡겨두자.

나는 TV를 잘 보지 않는 편이지만, 가끔 혼자 있을 때 배경소음으로 켜놓을 때가 있는데, 이럴 때 종종 관심 있게 보게 되는 것이 바로 TV 광고들이다. 가끔은 불과 1분이 될까 말까 하는 TV 광고가 나름 인생의 전반에 적용할 수도 있는 의미심장한 메시지를 전달하는 경우가 있다.

나는 30대에 들어서면서 '보험'이라는 것에 관심이 많아졌는데, 보험사들의 광고들 중에는 나름 철학적이면서도 유머러스한 것들이 많이 보인다. 미국의 트래블러즈(Travelers)라고 하는 보험회사에서 2006년에 방영한 한 광고가 나로 하여금 "Brilliant!"를 외치게 한 적이 있다. 마치 하나의 영화처럼 비장한 음악과 함께 시작되는 이 광고는 막판 반전을 통해, 최악의 상황에 대비하자는 '위기관리'의 중요성을 강조하는 내용을 담고 있다.

유럽의 한 마을에서 어떤 남자가 집 밖으로 무언가를 수레에 실어 나른다. 이를 본 한 사람이 서둘러 동네의 종탑으로 올라가 종을 울리고, 기대에 찬 사람들이 마치 '올 것이 왔구나!' 하는 듯이 하나둘씩 수군거리며 모여들기 시작한다. 비장한 발걸음으로 마을의 다리로 향하는 이 남자와 이를 쫓아 다리 위로 모여든 관중들. 이 남자는 수레에 싣고 온 커다란 하얀 날개를 어깨에 차고는 아슬아슬 다리의 난간에 올라서 있다. 마침내 그가 커다란 날갯짓과 함께 강 위로 날아오르고, 이 광경을 지켜보는 사람들의 눈에는 성스러운 감격의 기운이 가득하다. "He can fly!" 하고 누군가 외친다. "그가 날 수 있어!" 하는 사람들의 감격에

찬 함성을 뒤로 하고, 한 허리가 굽은 노인이 천천히 되돌아서면서 콧방귀를 뀌며 말한다. "But he can't swim(하지만 수영을 못하지)." 아니나 다를까, 커다란 새 같은 모양새로 힘차게 날아오르던 이 남자는 얼마 가지 못해 비명을 지르며 강으로 추락하고 만다.

이러한 웃지 못 할 사건들이 사실 현실에서도 얼마나 많이 일어나고 있는가? 전문 비디오 사이트인 유튜브(Youtube.com)에 가서 'funny insurance commercials(웃기는 보험 광고들)' 을 한번 검색해 보라. 일어날 가능성은 크지 않지만, 행여나 발생한다면 엄청난 대가를 치러야 할 웃지 못 할 해프닝들을 담은 TV 광고들이 줄지어 화면에 떠오를 것이다.

고객의 돈을 '투자' 하는 것이 직업인 펀드매니저들에게 있어서는 잠재된 위험과 가능한 보상을 미리 예상하고, 만약에 있을 수 있는 커다란 손실을 최소화할 수 있도록 포트폴리오를 '헤지' 하는 것이 가장 중요한 일 중의 하나이다. 말하자면, 일반인들이 혹시 모를 어떤 위험에 대비해 보험에 가입하는 것처럼 말이다. 이런 위험과 보상을 잘못 예상하여, 고객들에게 어마어마한 손실을 입히고 하루아침에 문을 닫는 펀드들도 그동안 많이 보았다. 어떻게 손쓸 수 없는 시장의 움직임이나 전혀 예기치 못한 변수들은 둘째 치고, 결국에는 확인된 정보에 주관적인 판단을 현명하게 적용하는 능력이 요구되는데, 여기서 큰 영향을 끼치는 또 다른 요인이 바로 인간의 '욕심'이 아닌가 싶다.

펀드매니저들에게 있어서 가능한 이익을 최대화할 동기는 무한정하나, 위험요인을 최소화할 동기는 제한적이다. 단기적인 금전적인 보상만을 고려한다면, 수익성이 올라갈수록 매니저가 받는 보상도 같이 올라가지만, 수익성이 떨어진다고 해서 매니저가 개인적으로 잃을 것은 없기 때문이다. 그래서 돈에만 집착하는 펀드매니저나 트레이더들이 소위 '대박'을 내기 위해서 무모할 정도의 리스크를 떠안는 경우도 많이 있다. 수익과 손실을 몇 배로 불리는 결과를 낳는 '레버리지(leverage)'를 곧잘 사용하는 헤지펀드들의 경우, 운이 좋으면 시장에 수동적으로 투자하는 사람들보다 몇 배의 이익을 낼 수 있겠지만, 그렇지 않은 경우에는 남의 돈을 가지고 무모한 도박을 한 것밖에 되지 않는다. 그래서 투자자들로서는 돈을 맡기기 전에 매니저들의 '눈먼 욕심'을 걸러낼 수 있는 스크린이 또 하나 필요한 셈이다. 그래서 투자자들은 어떤 펀드에 돈을 맡기기 전에, 실사 과정을 통해 그 펀드의 위험관리체계(risk management system)나 팀원 간의 성과급 구조(incentive structure) 등을 확실히 평가하고 이해하는 데에 갈수록 더 큰 비중을 두고 있다.

어느 정도의 위험을 취할까 하는 결정을 내려주고 얼마만큼의 결과를 얻을 수 있을까를 예측해주는 블랙박스(black box)가 존재한다면 얼마나 좋을까? 하지만 인간은 불완전한 존재이고, 인간이 완벽을 기하며 만들어낸 많은 장치들이 예기치 못한 상황에서 우리의 뒤통수를 치기도 한다. 뚜렷한 이유 없이 증시가 다시 폭락하지 말란 법이 없고, 노벨상 수상자(Nobel Laureate) 저리가라 할 천재가 개발한 '블랙박스' 트레이딩 시스템마저도 놓치고 말, '검은 백조(Black Swan)'와 같은 희귀한 상황이 다시 일어나지 말란 법도 없다. 그런 생각을 하면 마냥 무력해지다가, 한편으로는 그런 생각이 든다. 한 세기 동안 수차례에 걸쳐 심각한 위기를 겪기는 했지만, 그래도 인간이 만든 금융 시스템은 계속해서 돌아가고 있고, 더디게나마 세계의 경제도 멈추지 않고 굴러간다. 그리고 무엇보다도 인류는 '최악의 시나리오'를 피해서 지금껏 번영에 번영을 거듭해 왔지 않은가….

"잠깐, 나무가 어디 있지?" Knock on wood.

0. 2009년: 그 해의 여름과 가을

Job Alert :
중국어 하시나요?

"Opportunities are seldom perfect, but if you are not ready for them, they may not come again."

("기회라는 것이 완벽한 경우는 거의 없지만, 준비가 되어 있지 않으면 그 기회는 다시 오지 않을지 모른다.")

– 티키 바버(Tiki Barber), 2006년 '캐딜락' 광고 중에서

'Buyers' Market' 이라는 것이 있고, 'Sellers' Market' 이라는 것이 있다. '구매자 시장' 이란 공급이 많아서 구매자에게 유리한 시장이고, 반대로 '공급자 시장' 이라 함은 수요가 많아서 공급자에게 유리한 시장이다. 이러한 시장 원리가 구직 시장에도 똑같

이 적용된다. 경기가 활황이고 일자리가 많은 '구직자의 시장'에서는, 고용주들이 어떻게 타협을 해서든지 인재들을 끌어오기 위해서, 회사가 요구하는 자격요건에 대해서 그다지 구체적인 가이드라인을 제시하지 않는다. 아주 구체적이고 전문적인 기술을 요하는 일이 아니고서는 '관련 분야 경력자'라는 식으로 고려대상의 폭을 넓히는 것을 흔히 볼 수 있다. 하지만 금융위기 이후 몇 년간 그래왔듯이, 한정된 일자리에 비해서 구직자가 넘쳐나는 '고용주의 시장'에서는 그럴 필요가 없다. 회사들이 원하는 바가 매우 구체적이며, 예전 같으면 그저 '선호'하는 자격요인이었던 것이 '필수' 조건으로 바뀌어져 있는 경우도 많이 볼 수 있다. '위기'를 '기회'로 해석하는 많은 가치 투자자들이 숨은 가치가 주가에 반영되지 않은 채 헐값으로 팔리고 있는 주식들을 기다렸다는 듯이 싼 값에 사들이듯이, 사람을 채용할 여유가 있는 회사들은 이런 시기적 상황을 고급 인력들을 큰 어려움 없이 확보할 수 있는 기회로 여기기 때문이다.

2008년 이후, 회원들이나 졸업생들에게만 열람을 허용하는 몇 개의 커리어 웹사이트들을 보면, 많은 구인 광고들이 갈수록 단도직입적으로 여러 가지들을 요구하는 것을 볼 수 있었다. 고려대상의 범위가 확 줄어들게 되더라도, 여전히 양질의 지원자들이 넘쳐날 것을 고용주들이 잘 알기 때문이다.

얼마 전, 우연히 보게 된 한 공고를 예로 들어보겠다. 뉴욕에 본사를 둔 한 투자기관에서 리서치 애널리스트를 뽑는다고 제시한 이 공고의 요점만 추리자면 다음과 같다.

"아시아 시장을 담당할 3~5년 경력의 애널리스트를 뽑습니다. 우리는 다음을 만족하는 레쥬메만 받으니, 아래의 조건들을 만족하는 경우에만 지원을 하십시오. 전화문의는 삼갑니다.

1. 경영, 경제, 회계 또는 관련 분야 전공자 필수 : 앞서 말한 분야에서 석사 이상의 학위 소유자 선호(advanced degrees preferred)
2. CFA 필수(이미 취득했거나 취득하는 과정에 있어야 함) : CPA 등 관련 자격증 갖춘 자 선호
3. 중국어 구사 능력 필수(구어와 문어 모두 모국어 수준으로 구사해야 함) : 중국 현지의 사정을 잘 알고 이해하고 있어야 함. 현지의 회사들을 잘 알고 있고 업계의 인맥(contacts)을 갖추고 있는 자 선호
4. 뛰어난 분석력과 계량 능력(analytical and quantitative skills) 필수 : MS 엑셀을 이용하여 분석 모델을 만들어 본 경험이 풍부하며 모델링 기술(modeling skills)이 뛰어나야 함
5. 구어와 문어(verbal and written) 양쪽 모두에 있어서 뛰어난 의사소통 능력을 지녀야 함
6. 전문인으로서의 최상의 윤리기준과 도덕성을 갖추어야 함

물론 조직에 따라서 그리고 포지션의 특성 등에 따라서 바라는

바가 다를 수 있고, '팀워크(teamwork)에 강하다' 내지는 '독립적으로도 일을 잘 해낸다' 등의 특정적인 성향을 추가적으로 명시하는 경우도 많다. 앞에 열거한 사항들은, 검색 조건을 '금융 / 투자' 분야로 정하고 지역을 '아시아'로 한정시켰을 때 얻게 되는 결과 중에 가장 두드러지게 공통적으로 요구되는 사항들이라고 해도 무리가 아닐 것이다. 비슷한 포지션들 중에, 앞에서는 '필수'라고 명시된 사항이 그저 '선호' 사항일 뿐인 경우도 있을 테지만, 구직자가 넘쳐나는 시기에는 확실히 고용주들이 필수적으로 요구하는 사항들이 더 많아지고, 내용도 더 구체적인 경우가 많다.

앞에 열거한 사항들 중에, 한국인 독자들에게 내가 꼭 강조하고 싶은 사항들이 두 가지 있다. 첫 번째가 '최상의 윤리의식과 도덕성'이고, 두 번째가 '중국어 구사능력'이다.

엔론(Enron)과 월드컴(WolrdCom) 등의 회계 부정 스캔들뿐만 아니라, 최근에 헤지펀드 업계에서 불거진 사기극 등으로 인해 흔히 대수롭지 않게 생각하고 지나칠 수 있는 프로페셔널리즘(professionalism)과 윤리의식의 중요성이 채용시에도 더욱 강조되고 있다. MBA 프로그램들도 '윤리(Ethics)' 교육을 갈수록 강조하고 있고, 투자업계의 각종 공인시험들 또한 윤리와 업계규정 분야에 가장 큰 비중을 두는 경우가 대부분이다. 거꾸로 말하면, 지원자들의 입장에서도 애초에 어떤 조직에 합류할지를 결정할 때에 이런 점을 반드시 염두에 두어야 한다는 얘기이다. 그 회사가 얼마나 전문적으로 운영되는지, 평판은 어떠한지, 업계의 규제를 위반한 전력이 있는지, 회사 내의 '컴플라이언스(Compliance)' 부서가 제 기능을 다하고 있는지와 같은 점들을 최대한 신중하게 짚어보아야 한다는 것이다. 그 누구도 자신의 레쥬메에 스캔들로 얼룩진 회사의 이름을 올리고 싶지 않을 것이다.

채용 시장에서 두드러지는 또 다른 현실은 급증하는 중국어 구사 인력의 수요이다. 13억 인구가 거주하는 거대한 대륙 중국. 뉴욕에서도 아시아 마켓을 담당하는 사람들 중에는 미국계 아시아인들보다도 이후에 유학을 오거나 현지 사무실에서 발령을 받아 나온 본토 출신의 사람들이 더 많다. 크게 말해서, 홍콩이나 대만 등지를 포함한 '그레이터 차이나(Greater China)' 출신의 사람들이 대부분인데, 그들은 영어와 중국어를 완벽하게 구사하면서 중국 현지의 실상을 잘 이해하고 있는 경우가 많기 때문이다. 내가 같이 일하던 동료들 중에 홍콩 출신으로 광동어를 모국어로 구사하고, 중국 본토의 언어인 만다린 또한 꽤 유창하게 하는 이가 있었는데, MBA 취득과 동시에 CFA 시험을 마친 것도 모자라 일주일에 한 번씩 만다린 개인 교습을 받기까지 했다. "중국 사람이 중국어 교습을 받아?" 하고 놀라워하는 우리에게 그는 자신의 만다린이 네이티브 수준이 아니라서 불만이라는 것이다. 그런 것을 보면 긴장이 되다가도, 달리 생각해 보면, 한국 사람들은 행운아라고도 할 수 있다. 중국이라는 거대한 신흥시장을 이웃에 두고, 어릴 때부터 한자 공부를 해온 덕택에 자신도 모르게 중국어를 배울 기반이 닦여져 있기 때문이다. 요즘은 미국인들 중에서도 제2국어로 중국어를 택하는 이들이 늘고 있고, 맨해튼의 차이나타운에 가보면 교회나 곳곳의 사설 학원들에서 어린 아이들을 타깃으로 한 특별 중국어 강좌가 한창일 정도이다. 또한 일이 끝나고 매주 'Meetup'이라 불리는 단체를 통해서 정기 모임을 형성하여 중국어를 연습하는 이들도 수없이 많다. 호기심에 한번 나가보니, 실리콘밸리에서나 보임직한 '테키(techie)'처럼 보이는 키가 큰 곱슬머리의 젊은 남자가 자기 손으로 직접 '그려 낸' 한자들을 자랑스럽게 보여주며, 자신의 작문 숙제인데 어떻게 생각하느냐고 묻는다. '저거 다 그리느라고 땀 좀 뺐겠다…' 싶다가도, 중국 출장 준비를 위해서 중국어 공부를 시작했다는 이 젊은 IT 전문가의 땀나는 노력이 참으로 가상하게 느껴진다.

MBA니, CFA니, 중국어니… 하면서 내가 너무 앞서나간 건 아닌지 모르겠다. 이런 얘기를 듣고서 "어, 그럼 영어는 못해도 되나?" 하는 사람이 혹시 있다면, 그게 무슨 말인가. 영어는 기본이기 때문에 지금껏 언급을 하지 않은 것이다. 사실 출장이 아닌 개인적인 이유로 시간의 여유를 갖고 서울을 다시 찾은 2010년, 시간을 내서 이런저런 다른 분야에서 일하는 친구들을 만나보니, 아직도 대부분의 한국 사람들의 가장 큰 고민은 영어인 것 같다. 서점을 찾으니, 온갖 영어회화 교재들이 난무하고, 지하철 광고며, 신문이며 '영어를 잘 하는 비법'을 선전하는 광고로 빽빽하다.

내가 서울에서 일하던 2000년대 초반에도, 한국에서 영어를 자유자재로 구사하는 사람을 찾는 것이 쉬운 일이 아니었다. 그 기억을 안고 있던 내가 뉴욕에서 일을 시작하고 나서 한국에 출장을 왔을 때, 실은 업무상 만난 대부분의 사람들의 영어실력이 출중해서 많이 놀랐었다. '아, 몇 년 사이에 상황이 많이 바뀌었구나!' 하고까지 생각을 했었는데, 그게 사실은 외국계 투자자들을 상대하는 일부 펀드매니저들이나 애널리스트들에 한정된 것이었나 보다.

홍콩, 싱가포르, 인도 등지를 다녀보면, 나라마다 독특한 억양이 있기는 하지만, 대부분의 사람들이 자유자재로 의사소통을 할 수 있을 정도로 영어를 구사한다. 2009년 기준으로 68억 가량 되는 전 세계 사람들이 한국어를 배워준다면 얼마나 고마울까? 북한까지 포함해서 7천만 명이 좀 넘는 우리네가 다른 언어를 배울 필요 없이 좀 쉬엄쉬엄 살 수 있게. 하지만 현실은 현실이다. 전 세계에 중국어를 말하는 인구는 중국 본토만 따졌을 때 13억이고, 영어를 말하는 인구는 모국어로 말하는 사람들만 따져봐도 4억 명이다. 제2국어로 영어를 말하는 사람들만 따로 보면, 10억은 훌쩍 넘는다. 한국에서 우리끼리만 서로 껴안고 살 게 아니라면, 영어든 중국어든 열심히 배우는 수밖에 없다.

나도 뉴욕으로 유학을 오기 전에, 몇 달간 휴식을 취하면서 서울의 한 중국어 전문 학원에 다닌 경험이 있다. 이후에 뉴욕에서 한국의 학원과 같은 시설들을 찾아보려 했지만, 한국에서와 같이 본토 출신의 전문 강사들을 대거 갖추고 체계적으로 운영되는 학원을 찾을 수가 없었다. 한국 사람들은 이러한 '학원 문화'를 당연시여기지만, 한국만큼 어학을 배우기에 좋은 나라도 없다. 곳곳에서 영어는 물론이고, 특히 중국어나 일본어를 체계적으로 배울 수 있는 기회가 얼마나 많은가. 온갖 학원이며 사설기관들 그리고 각 대학에서 제공하는 여름 특별 강좌 등, 저렴한 가격에 질 높은 교육을 쾌적한 시설에서 받을 수 있는 것은 엄청난 축복이라 하지 않을 수 없다.

요즘 아이들은 유치원 때부터 영어를 배우고 매년 여름을 외국의 '영어캠프'에서 보낸다고들 하니, 앞으로 한국 사람들의 영어실력을 걱정할 필요는 없을 것 같다. 하지만 아까도 말했듯이, 영어는 필수이니 그보다 한 발 더 앞서서 생각하는 사람들이라면 꼭 중국어를 공부하라고 말하고 싶다. 어릴 때부터 억지로라도 한자를 배우면서 컸으니, 이미 훨씬 앞서 있는 셈이다. 중국어 단어들 중에 한국어와 비슷한 말들은 또 얼마나 많은가? 미국인들이 머리를 긁적이며 꼬불꼬불 한자를 그려내는 것을 보면, 우리네는 그나마 기초가 닦여져 있으니 얼마나 다행인가 싶다.

미국에 나와서 사는 나의 한국인 친구들 중에, 1년에 한번쯤 한국에 계신 어머니가 와서 한 달 이상 머무는 이들이 많이 있다. 그래서 "네가 낮에 일하는 동안, 어머니 혼자 뭐하셔?" 하고 물으니, 몇몇 친구들에게서 공통적으로 들려오는 대답이 있었다. "아무한테도 말하지 마! 우리 엄마가 부끄러워하시는데, 낮에 영어 배우러 다니느라 바쁘셔!" 다들 약속이나 한 듯이 그런다. '엄마가 창피해하시니까 절대 아무한테도 말하지 말라'고. 그런 얘기를 들을 때마다 나는 한국의 어머니들이 너무나도 존경스러워진다. 부끄러워할 이유가 전혀 없다. 오히려 자랑스러워해야 하지 않나 싶다. 50대, 60대의 한국 '아줌마들'도 다시 시작하는 어학 공부를 20대, 30대, 아니 40대의 '젊은이들'이 못할 이유가 없다. 밤늦게까지 영어 공부며, 중국어 공부에 매진하는 한국의 모든 학생들, 직장인들 그리고 늦게나마 다시 용기를 내신 우리의 어머니, 아버지들에게 커다란 박수를 보내고 싶다.

Self-awareness Test :
'나'의 자체 브랜드

"Know Thyself."

"너 자신을 알라."

– 소크라테스(Socrates)

예전에 뉴욕에서 금융업계의 전문인들을 주요 고객층으로 갖고 있는 한 커리어 컨설턴트가 주관한 세미나에 참여한 기억이 난다. 자신이 설립한 커리어 컨설팅 비즈니스를 운영하는 그도 여성이고, 이날 참여한 사람들 또한 대부분이 전문직 여성들이었다. 그날 참가자들을 대상으로 간단한 설문을 해본 결과, 절대 압도적인 50%가 15년 이상의 경력을 가진 사람들이고, 25%가 10년에서 15년의 경력 그리고 20% 이상이 5년에서 10년의 경력을 가진 사람들이다. 한 분야에서 10년이 넘는 경력을 가졌을 정도면, 자신에 대해서 충분히 알고도 남을 법도 한데, 꼭 그렇지만은 않은가 보다. 끊임없이 자신에 대해 고민하고 자기계발을 꾀하며 살아가야 하는 현실을 다시금 실감하게 했다.

그날의 프레젠테이션의 요지는 '나'라는 브랜드를 제고해 보고, 자신에게 부족한 점을 보충하고자 노력하자는 것이었는데, 이를 위해 프레젠터가 제안한 것은 먼저 각자의 '자아인식(self-awareness)'의 정도를 테스트해 보고, 자신에게 부족한 점이나 반드시 고쳐야 할 점이 무엇인지를 재점검해보자는 것이었다.

사회생활을 오래 해본 사람이라면 누구나 공감하겠지만, 많은 사람들이 자기가 그다지 잘 알지 못하는 사람들에 대해서까지도 금방 단정적인 의견을 형성하곤 한다. 누구나 정도의 차이는 있겠지만, 새로운 사람을 만난 지 얼마 되지도 않아 머릿속으로 그 사람을 분류하고 평가하곤 한다는 것이다.

나부터도 대학원 재학 시절에는 좋건 싫건 이런저런 네트워킹 이벤트에 참가하고, 이 친구, 저 친구와 그룹을 짜서 숙제도 하고 취업 준비도 하는 새에, 알게 모르게 사람들을 평가하고 판단하는 것이 일상적인 일이 되어버렸다. 게다가 졸업 이후에도 매일같이 펀드매니저들과 애널리스트들을 만나면서, 나도 모르게 그들의 전문적인 자질들뿐만 아니라 개인적인 성향들까지도 눈여겨보는 습관이 생겼다. 이런 나의 경험들과 주변 사람들의 이야기들을 종합해 보면, 미팅의 목적이 취업이 되었건, 투자유치가 되었건 간에, 결국에 가서는 '함께 일해 보면 서로 얼마나 잘 맞을까' 하는 'compatibility(적합성)', 즉 흔히 말하는 'fit' 이라는 것이 얼마나 결정적인 요인인지를 알 수 있다. 상대방이 어떤 성격을 갖고 있는지, 그가 원하는 것이 무엇인지를 일일이 맞출 수 있다면 좋겠지만, 그보다 먼저 행해야 할 더 중요한 일은 바로 나 자신을 아는 것이다.

기왕에 얘기가 나왔으니, 이 책을 읽는 독자들도 잠시 쉬어간다고 생각하고 스스로를 돌이켜 보는 시간을 갖는 게 어떨까? 그날의 세미나에서는 '자아인식 테스트(self-awareness test)'를 위해서, 먼저 수십 명의 참가자들이 현실에서 매일 가깝게 일하는 동료나 업무 관계자들에게서 발견되는 다양한 특성들(traits)을 적어서 제출했다.

이후에 제시된 리스트들은 그날 참가자들이 제출한 요인들과 내가 개인적으로 주변사람들에게서 자주 발견한 요인들을 종합하여, '긍정적인 요인'과 '부정적인 요인'으로 정리한 것이다. '나'라는 한 명의 인재를 하나의 '브랜드'라고 생각했을 때, 말하자면 '긍정적인 브랜드 요인'과 '부정적인 브랜드 요인'이라고 칭할 수 있겠다.

긍정적인 브랜드 요인	
Authoritative	권위 있는
Articulate	말을 조리 있게 잘 하는
Charming	사람을 끌리게 하는
Close-mouthed	입이 무거운
Delegates	일을 위임시킬 줄 아는
Detail-oriented	세부적인 것에 강한
Develops staff	스태프를 잘 계발하는
Diplomatic	외교적인
Dresses well	옷을 잘 입는
Dynamic	역동적인
Easy-going	성격이 원만한
Elegant	우아한
Energetic	에너지가 넘치는
Even-tempered	침착한
Executive	요직에 있는
Expert	전문가적인
Flexible	생각이나 행동이 유연한
Genuine	진정한
Good mentor	좋은 멘토로서의 자질이 있는
Gracious	품위 있는
Great leader	훌륭한 리더인

Great manager	훌륭한 매니저인
Grown-up	성숙한
Handles stress well	스트레스를 잘 견디는
Has gravitas	진지함이 있는
Helpful	남에게 도움을 주는
Hilarious	남을 재미있게 하는
Honest	정직한
Innovative	획기적인
Insightful	통찰력을 가진
Intelligent	지적인
Likable	좋아할 만한
Meets deadlines	마감시간을 잘 맞추는
Methodical	체계적이고 꼼꼼한
Motivating	동기부여를 해주는
Negotiates well	협상을 잘 하는
Organized	생각이나 행동이 정리가 잘 된
Persistent	끈기 있고 포기하지 않는
Persuasive	설득력 있는
Photographic memory	기억력이 남달리 뛰어난
Pleasant	유쾌한
Presents well	프레젠테이션을 잘 하는
Professional	프로다운

Punctual	시간을 잘 지키는
Quality work	양질의 결과물을 내는
Reliable	믿고 맡길 만한
Responsible	책임감이 있는
Responsive	제때 제때 답변을 주는
Rocket scientist	고도로 복잡한 문제를 풀 능력이 있는
Straight-shooter	정직하고 공정한
Strategic	전략가적인 기질이 있는
Tactical	전술적인
Takes initiatives	남보다 먼저 일을 추진시키는
Thorough	철두철미한
To the point	명료하게 요점을 짚는
Trustworthy	신뢰할 수 있는
Writes well	글을 잘 쓰는

부정적인 브랜드 요인

Argumentative	따지고 논쟁하기 좋아하는
Bad temper	성질이 더러운
Big ego	자아가 너무 강한
Bossy	남의 위에서 쥐고 흔드는
Bureaucratic	관료주의적인
Chip on the shoulder	거만 떠는

Chronically late	항상 늦는
Clock-puncher	여섯시 '땡' 치기만 기다리는
Competitive	경쟁하기 좋아하는
Crazy	비이성적인
Critical	비평, 비난을 잘 하는
Demanding	요구사항이 많은
Disorganized	정신없고 체계적이지 못한
Disrespectful	남을 존중하지 않는
Drops the ball	어설프게 일을 망치는
Dull	둔한
Forgetful	잘 잊어버리는
Gossip queen (or king)	남 얘기하기 좋아하는
Impossible accent	억양이 심해서 알아듣기 힘든
Inappropriately dressed	걸맞지 않는 복장을 하고 다니는
Inaccurate	정확성이 없는
Indecisive	결정을 못 내리는
Inexperienced	경험이 부족한
Inflexible	융통성이 없는
Kiss-up	아부하기 좋아하는
Lazy	게으른
Loner	뭐든 혼자 하려고 하는
Long-winded	간단명료하지 못하고 장황한

Loose cannon	돌출행동으로 일을 그르치는
Low productivity	생산적이지 않은
Luddite	신기술에 거부감이 심한
Martyr	항상 희생자인 듯 피해의식을 가진
Micro-manager	세세한 것까지 일일이 참견하는
Negative attitude	부정적인 자세를 가진
Non-communicative	의사소통을 잘 하지 않는
Not a team player	팀과 어울려서 일을 잘 하지 못하는
Out-of-shape	몸 관리를 제대로 안하는
Passes blame	남의 탓만 하는
Petty	쩨쩨한
Political	정치적인
Poor presenter	발표를 잘 못하는
Prejudiced	편견이 많은
Racist	인종, 국적 등에 대한 편견이 심한
Rebellious	반항적인
Self-absorbed	자아에 도취된
Senile	노망든 것 같은
Sexist	성별에 대한 차별이나 선입견이 강한
Sloppy	엉성하게 대충대충 하는
Smoker	담배를 피우는
Snobby	세속적인

Territorial	영역확보에 집착하는
Too detail-oriented	너무 디테일에 집착하는
Two-faced	두 얼굴을 가진 위선적인
Unpolished	세련되지 못한
Unreliable	믿을 수가 없는
Vain	자만심이나 허영심이 많은
Weak quantitative skills	계량적인 능력이 떨어지는

'긍정 요인'과 '부정 요인'이라는 구분은 대부분의 사람들이 일반적으로 어떻게 인지하느냐에 따른 것이지, 절대적인 선과 악의 기준에 의한 것이라고는 물론 말할 수 없다. 일의 특성에 따라서 또는 조직 내의 역학구조나 문화에 따라서 구분이 달라질 수도 있을 것이다. 앞의 리스트들에는 일반적인 성격테스트나 적성검사에서는 흔히 볼 수 없는 사실적이고 구체적인 표현들이 많이 포함되어 있다. 아마도 낯설게 생각하는 사람들도 있겠고, 문법적으로 따지자면 형용사며, 명사형이며, 동사들이 섞여 있으니 헷갈려하는 사람들도 있겠다. 하지만 형식에 구애받지 않고, 영어권에서 일하는 사람들 사이에서 남 얘기를 할 때 습관적으로 쓰이는, 그러니까 실제로 '뒷담화'에 많이 쓰는 표현들을 한자리에 모아본 것이니 이해하기 바란다.

앞의 두 개의 리스트들을 쭉 훑어보았다면, 이제 긍정적인 요인들과 부정적인 요인들 중에서 현재 나에게 해당되는 것들이 무엇인지 '정직하게' 한 번 적어보자. '긍정 리스트'는 뿌듯하게 읽어 내려가다가 '부정 리스트'를 훑어 내려가면서는 가슴 한 켠이 뜨끔해질 때가 여러 번 있을 것이다. 그래도 인정하고 싶지 않다면, 지금까지 적어도 두 명 이상의 사람들에게 지적을 받은 적이 있는 점들을 기억해서 적어보자. 자기 자신에 대해서 완전히 잘못된 또는 허황된 인식을 가지고 있는 사람이 아니라면, 그렇게 적어낸 두 개의 새로운 리스트들이 지금의 '나'라는 브랜드에 연계된 특성들을 잘 내포하고 있을 것이다.

이번에는, 같이 일해 본 사람들 또는 잘 아는 사람들 중에서 가장 이상적이라고 생각되는 사람, 내가 닮고 싶은 프로페셔널의 모습에 가장 가까운 사람 또는 존경하는 멘토(mentor)를 한번 떠올려 보자. 그 사람을 떠올리면서, 그가 가진 특징들(traits)이나 장점들(qualities)을 다른 한편에 적어보자. '나'라는 브랜드의 현재의 모습과 내가 되고자 하는 이상적인 모습 사이에는 엄연한 '갭(gap)'이 보일 것이다. 그 공간을 채우고 나의 '브랜드 혁신'을 이루기 위해서 내가 해야 할 일은 무엇일까? 지금부터라도 일상적으로 실천할 수 있는 간단한 행동강령들(action plans)을 세우고, 매일 하나씩 작은 것에서부터 실천해 나가는 것은 어떨까.

District 1, Lower Manhattan :
거리로, 또다시 거리로

"Behold the turtle. He only makes progress when he sticks his neck out."

("거북이를 보아라. 그는 목을 밖으로 빼냈을 때에만 앞으로 나아갈 수 있다.")

– 제임스 B. 코넌트(James Bryant Conant)

위아래로 길게 뻗어있는 맨해튼 섬을 크게 셋으로 나누었을 때 보통 업타운(Uptown), 미드타운(Midtown) 그리고 다운타운(Downtown)으로 분류하는데, 이는 딱히 정의되지 않은 채 어느 곳을 기준으로 말하느냐에 따른 상대적인 의미로 쓰이는 경우가 많다. 다운타운 내에서도 내가 살고 있는 맨해튼의 남단을 로우어 맨해튼(Lower Manhattan)이라고 하는데, 굳이 어디부터를 그렇게 부른다기보다는 통상 숫자로 불리는 스트리트 이름들이 보이지 않고, '프린스 스트리트'이니, '챔버스 스트리트'이니 하는 다채로운 이름의 거리 표지들이 보이기 시작한다면 그곳이 바로 로우어 맨해튼이다. 내가 이 동네로 이사 온 지는 이제 3년째 인데, 사무실이 위치해 있던 미드타운 지역에서 대부분의 시간을 보냈던 나로서는 막상 내가 사는 동네의 구석구석을, 그것도 주 중의 대낮에 여유롭게 다녀볼 기회가 거의 없었다.

회사를 나온 뒤인 2009년의 여름은 달랐다. 찔 듯이 무더운 날 이 아니면, 맨해튼 서쪽으로 강가를 따라 쭉 타고 올라가게 되어 있는 조깅 코스를 타고서 허드슨 강에서 불어오는 하늘하늘한 바 람을 얼굴에 맞으며 산책을 나서곤 했다. 그리고는 내가 좋아하 는 트라이베카라는 동네에 몇 년 전 문을 연 한 커피숍으로 향한 다. 이 커피숍은 들어가는 입구가 커다란 유리문으로 되어 있는 데, 햇빛이 드는 날이면 어김없이 활짝 열어 젖혀져 있는 유리문 사이로 보이는 사람들의 모습이 지나가는 이들을 유쾌하게 만든 다. 메인 홀에 놓여있는 마치 도서관에서나 볼 법한 커다란 파슨 스 테이블은 사람들이 앉아서 수다도 떨고, 신문도 읽고, 숙제도 하고, 노트북을 열어 놓고 밀린 일을 보기에도 제격이다. 옆자리 에 누가 앉아 있건, 밖에서 누가 들여다보던 의식하지 않은 채 모두들 카페의 분위기와 동화되어 자신의 일에 집중하고 있다.

화창한 날씨에 걸맞게 하늘하늘한 옅은 하늘색 원피스를 입고 나온 나는 유달리 기분이 좋았다. 이런 날씨에 딱딱한 정장 차림으로 사무실에 앉아 있는 대신에 여유롭게 강가를 산책하는 것이 이렇게 좋구나…. 아이스라떼를 하나 시켜서 그 널찍한 나무 테이블 한 편에 자리를 잡아 앉은 나도 노트북을 열어 이것저것 뉴스를 체크하고, 볼만한 영화는 없나, 유익한 세미나는 없나, 이리저리 이메일과 웹사이트 등을 둘러보다가, 날씨가 좋으니 미드타운의 루프탑 바에서 맥주나 한잔하자고 친구와 약속을 잡고는 주섬주섬 일어났다.

카페를 나와 지하철역을 향해 걷기 시작하는데, 한 10미터 앞에서 한 손에는 A4 사이즈 정도로 보이는 메모패드와 전단지를, 다른 한 손에는 펜을 들고는 흰 셔츠의 소매를 힘껏 걷어붙인 채서 있는 한 동양 남자가 보인다. 그 앞에는 키가 큰 남자가 멈춰서서는, 무언가를 열성적으로 설명하고 있는 이 동양 남자의 이야기에 조용조용 귀 기울여 듣고 있다. 그 주위를 재빨리 둘러보니 자원봉사자로 보이는 또 다른 누군가가 메모판을 든 채로, 지나가는 행인들을 잠시라도 멈춰 세우려고 진을 빼고 있다. "Uh oh…." 한 발, 한 발 걸어 나가던 나는 순간 본능적으로 '좌향좌…!'를 외치며 그대로 왼쪽으로 90도 몸을 틀었다. 그리고는 빨간 불의 신호등에도 아랑곳하지 않고 마침 한산해 보이는 2차선 도로를 무단 횡단하여 반대쪽 길로 건너갔다.

뉴욕의 거리에서 활발하게 유세 활동을 벌이는 선거 자원봉사자들이나 서명운동을 하는 각종 인권운동자들에게 길들여진 나는 그렇게 본능적으로 일단 상황을 피했다. 아무에게도 방해받지 않고 혼자만의 생각에 갇혀 여유로움을 즐기고 싶은 나였지만, 다음 순간 소심한 생각이 들었다. '너무 티나게 피했나?'

일단 길을 건넌 나는 원래 가던 방향으로 진행하는 대신에, 무작정 눈앞에 보이는 커다란 슈퍼마켓 안으로 들어가 버렸다. 'Whole Foods Market'이라 불리는 유기농 전문 슈퍼마켓의 한 체인이다. 대학원 첫 학기의 성공을 좌우한다고도 할 수 있는 'Corporate Finance(기업재무)' 과목의 필수과제인 회사 평가 프로젝트 때문에 몇 달간 리서치를 했던 기업이기도 한데, 높은 천장에 널찍한 공간에 온갖 종류의 식료품들이 다 갖춰져 있는, 한국에서 말하는 '마트'와도 같은 곳이다. 시원한 에어컨 바람을 맞으며 마켓 안을 걸어 다니다 괜히 음료수를 하나 사가지고는 반대쪽 방향의 출구로 나왔다. 그 출구로부터 자원봉사자들이 포진해 있는 지점은 직각 방향인데다가 또 길까지 건너야 하니, 나는 절대 안전지역에 다다른 것이다. 길거리로 다시 나와 고개를 들어 앞을 보았는데, 이게 웬걸… 한 5미터 앞에 자원봉사자 중의 하나로 보이는 남자가 티셔츠 차림에 땀을 뻘뻘 흘리며 내 쪽으로 걸어온다. 어김없이 한 손에는 메모패드 그리고 또 다른 손에는 펜이 들려있다. 그런데 '잠깐, 내가 아는 사람이잖아!' 나와 같은 해에 경영대학원을 졸업한 한 교포 친구가 아닌가. 자원봉사자들로부터 도망 다니던 나의 상황은 까맣게 잊은 채 반가운 마음에 인사를 했더니, 이 친구도 많이 놀란 표정이다.

사연인즉슨, 학교 졸업 후 뉴욕의 한 투자은행에서 일하던 그가 한창 주식마켓이 활황일 때 시카고의 커다란 헤지펀드로 옮겼었는데, 2008년의 금융위기 이후에 그 펀드가 문을 닫는 바람에 뉴욕으로 다시 돌아 왔다는 것이다. 그렇게 서서 얘기를 나누는데, 저 뒤에서 아까 봤던 그 소매를 걷어붙인 흰 셔츠의 동양 남자가 우리 쪽으로 성큼성큼 걸어온다. 이제 달아날 구멍이 없다. 어차피 나의 '감미로운 고독'은 깨져버렸으니, 다시 세상과 교류할 시간이다. 밝게 웃으며 말했다. "저 친구지? 얘기 많이 들었는데 인사나 해야겠네!"

사실은 누구인지 잘 알고 있었다. 뉴욕 맨해튼과 퀸즈 등지에서 한인 교포들이 시의원 선거에 출마한다고 사람들의 성원과 기대도 대단했고, 내가 아는 많은 친구들도 적극적으로 이들의 선거운동을 돕고 있었기에 익히 얘기를 들은 상태였다. 그날 마켓 앞에서 부딪힌 나의 대학원 친구도 일을 쉬는 동안 무언가 뜻있는 일을 하고자 뉴욕의 제1지구(District 1)인 로우어 맨해튼 지역에서 선거에 나선 그 친구의 거리 유세를 돕고 있던 중이었다. 같은 시기에 회사를 나와서 자유 시간을 즐기고 있던 나도 이제 곧 에너지를 재충전하여 무엇이든지 새로운 것을 시도해 보리라 결심하고 있던 차였다. 하지만 그때까지만 해도 여전히 거리에서 전단지와 노트패드를 들고 있는 낯선 이가 말을 걸면 못들은 척하고 지나쳐 버리거나 멀리 빙 돌아서는 다른 길로 가기가 일쑤였는데, 이날 이후 내가 그 해의 남은 여름과 가을을 어떻게 보냈는지 아는 사람들은 이렇게 말할 것이다.

"Karma is a bitch."

'Karma(카마)'를 얕보지 마라! 카마라는 개념은 힌두교나 불교에서 유래된 것인데, 우리말로 하자면 '뿌린 대로 거둔다', 즉 자신이 던져 보낸 부메랑이 언젠가 자기에게 되돌아온다는 말이다. 길거리에서 사람들을 설득시키고 사인을 받아내는 자원봉사자들도 평소에는 나와 같이 건널목을 건너다니고 지하철을 타고 다니는 그저 평범한 뉴요커들일 뿐이다. 그렇지만 회사에 다니면서 매일의 일상이 스트레스의 연속일 때에는 점심시간이나 퇴근길에 어김없이 전단지나 노트패드를 들고는 "Do you have 30 seconds?", "Just 30 seconds!! (30초만요!!)" 하고 다가오는 이 '낯선 이들'은 그저 귀찮고 짜증나는 존재들이었다. '바빠 죽겠는데, 이 사람들은 직업도 없나?' 하는 생각에, 마치 그들을 열등한 종족처럼 대하기도 했던 것 같다. 그렇게 도도한 '일반인'이던 내가 누군가에게 '귀찮은 낯선 이'가 되어 다가갈 날이 올 줄, 그 누가 상상이나 했겠는가. 그것도 한두 명이 아닌, 수백 명의… 인심 좋은 시골 아낙네들도 아닌, 쌀쌀맞기로 유명한 뉴요커들에게!

예비 선거를 한 달가량 남기고 선거유세에 합류하게 된 나는 그렇게 거의 매일 맨해튼 다운타운 곳곳의 길거리에서 사람들에게 말을 걸고 전단지를 나누어주며 하루의 대부분을 보내게 되었다. 믿기지 않겠지만, 그 시기에 자발적으로 캠페인 활동을 하던 사람들 중에는 금융계나 법조계의 친구들이 수두룩했다. 금융위기 이후에 골드만삭스며, 모건스탠리 또는 크고 작은 헤지펀드들에서 감원을 당하는 바람에 갑자기 시간이 많아진 젊은 사람들이, 뜻있는 사람을 힘껏 도와보자는 취지에서 자발적으로 길거리로 나선 것이다. 워낙에 시대상을 잘 반영하는 독특한 현상이기도 하여 〈뉴욕타임즈〉의 기자가 와서는 우리가 월스트리트에서 유세를 하는 것을 취재해 가기도 했었는데, 며칠 후에는 그 기사가 〈뉴욕타임즈〉 1면의 한 곳을 장식하기도 했다.

한번은 친구들과 이야기를 하다가 캠페인 활동을 하러 돌아가기 위해서 일어서며, "I'm going back to the streets!" 했더니 한 친구가 그런다. "어, 그래? 어느 은행에 들어갔는데?" 보통 뉴욕의 은행에서 일을 하면 사무실의 실제 위치와는 관계없이 '월스트리트(Wall Street)에서 일한다'고 많이 표현하기 때문에 내가 거리(street)로 돌아간다고 하니, 월스트리트의 어느 은행에서 새로 일을 시작한 것으로 그 친구가 착각을 했던 것이다. 내가 '말 그대로 거리에 나가서 일해야 한다'고 했을 때 화들짝 놀라하던 그 모습이란.

“We got The New York Times!!”

　오후 내내부터 해가 뉘엿뉘엿 넘어가는 늦저녁까지, 길을 지나
가는 온갖 사람들에게 말을 걸고, 전단지를 나누어 주고, 수도 없
이 거절을 당하고 일부에게는 불쾌한 핀잔까지 듣고 나서, 마침
내 지친 몸으로 집에 들어와 쉬고 있던 내게 자정이 넘어서 느닷
없이 전화가 걸려왔다. 뉴욕의 제1지구인 로우어 맨해튼의 시의
원 선거에 나선 그 ‘흰 셔츠의 동양 남자’ 의 캠페인 코디네이터
였다. 바로 그날 저녁, 뉴욕을 대표하는 신문이자 미국 전역의 주
요 일간지 중의 하나인 〈뉴욕타임즈〉지에서 이 젊은 한국계 후보
를 공식적으로 지지한다고 발표한 것이었다. 솔직히 선거일을 불
과 몇 달 안남기고 캠페인을 시작한 젊은 신예가 이미 지역 사회
에서 수십 년 동안 입지를 구축해온 네 명의 쟁쟁한 후보들을 제
치고 주요 언론에서 공식 지지를 받으리라고는 아무도 예상하지
못했다. 그때의 감격은 이루 말할 수가 없었다. 고작해야 예비 선
거를 한 달여 앞두고 도와주기 시작했던 나로서는 아직 남의 일
같아야 할 법도 한데, 그렇지가 않았다. 후보자로 나선 그 친구
뿐만 아니라 몇 달 동안을 밤낮으로 일하며 함께 고생한 캠페인
스태프들과 짧은 시기에 돈독해지기도 했고, 매일같이 무서울 정
도의 열정으로 여기저기를 직접 발로 뛰면서 지역 주민들의 말에
귀 기울이는 그의 모습에 깊은 인상을 받아서이기도 했다.

전에 다니던 회사의 동료들이 자주 비행기를 타고 출장을 다니던 내게 종종 그러곤 했다. "너는 절대로 비행기 옆자리에 앉은 사람과 대화를 나눌 사람이 아니야." 같은 사무실에서 펀드 마케팅을 담당하던 친구가 비행기나 호텔, 식당 등에서 처음 만난 사람들에게 넉살도 좋게 말을 걸고, 농담도 하고, 연락처까지 주고받던 것에 비교해서 하는 얘기였다. 아이러니인 것은, 나 스스로는 항상 '말을 걸지 마시오' 하고 이마에 쓰고 다닌다고 생각하는데, 날이면 날마다 누군가는 나를 길에서 멈춰 세우고 이것저것 물어보곤 한다. 거의 예외 없이 매일, 하다못해 내가 잘 모르는 도시를 방문했을 때에도 꼭 있는 일이다. 그 사람들에게는 나의 '접근금지' 사인이 '무엇이든 물어보세요!' 라고 읽혀지는지 모르겠지만, 본래 수줍음이 많은 성격이던 나로서는 생판 모르는 사람들의 삶에 어떤 형식으로든 다가가야 한다는 것이 엄청난 부담이었던 것이 사실이다.

그래서 더 그런지, 선거가 끝나고 반년 이상이 지나서도, 내가 단골로 다니는 카페 건너편의 그 슈퍼마켓이며, 월스트리트의 거리며, 배터리 파크 시티의 아파트 단지나 상가 등을 지나갈 때면 가슴 한 구석이 짠해지곤 한다. 해가 뉘엿뉘엿 넘어가는 것을 보면서, 길을 지나가는 단 한 사람이라도 더 붙들고 1분이라도 이야기를 더 나누고자 이리저리 뛰어다니던 기억. 어둑어둑한 저녁 하늘을 뒤로 하고 급한 마음에 집으로 발걸음을 향하던 사람들이 잠시나마 멈춰 서서 나의 얘기에 귀를 기울여 주면, 거기서 다시 용기를 받아 다음날 또 거리로 나서곤 했다. 그렇게 낯선 이들의 삶에 다가가 무언가를 알리고 아주 조금이나마 변화를 줄 수 있다는 사실이 그렇게 뿌듯할 수 있다는 것은 난생 처음 배웠던 것 같다.

대학을 졸업한 이후 10년간, 조금 과장을 하자면 온갖 도시의 사무실들과 공항들 그리고 호텔들을 전전하는 것이 나에게 주어진 삶인 양 살아 왔었다. 양옆을 둘러봐도, 앞뒤를 돌아봐도, 내 친구들도, 선후배들도 다들 그렇게 비슷한 모양새로 살아가고 있었다. 이렇게 마냥 쳇바퀴를 돌리며 살아가는 것이 삶이려니, 그와 다른 모양새를 한 삶들은 존재하지 않는 듯싶었다.

하지만 그 짧지만 강렬했던 2009년의 여름, 마침내 거북이 껍질 속에서 고개를 빼내어 나의 '안전지대(comfort zone)' 밖으로 한 걸음, 한 걸음 발을 떼었을 때, 그제야 여러 가지 모습으로 열심히 살아가는 사람들의 모습들이 보이기 시작했다. 그렇게 깨달았던 것 같다. 나를 둘러싸고 있는 울타리는 밖에서 잠겨있는 것이 아니라, 안에서 열고 나가야 한다는 것을.

무엇이 당신의 가슴을 뛰게 하는가?
(Do What You Love!)

"The only way to do great work is to love what you do. If you haven't found it yet, keep look-ing. Don't settle. As with all matters of the heart, you'll know when you find it."

("대단한 일을 해낼 수 있는 유일한 길은 네가 하는 일을 사랑하는 것이다. 사랑하는 일을 아직 찾지 못했다면, 계속해서 찾아라. 타협하지 마라. 열정을 요하는 모든 일들이 그렇듯이, 사랑하는 일 또한 네가 찾아냈을 때에야 알게 될 것이다.")

– 스티브 잡스(Steve Jobs)

"이 다음에는 어떤 분야가 뜰까요?" 자신의 분야에서 '성공'을 했다는 유명 인사들이 초빙된 컨퍼런스나 세미나에 가면, 보통 프로그램의 마지막에 있는 Q&A 시간에 누군가는 반드시 묻는다. "What is 'THE NEXT BIG THING'?" 이런 질문을 받았을 때 어떤 업계에서 성공한 사람이 되었건, "헬스케어(healthcare)가 뜨니까 그리로 가라" 내지는 "금융업계는 불안하니 거기는 가지마라"라는 식으로 콕 집어 대답하는 사람은 사실 거의 없다. 간혹, 아직 활발하게 활동 중인 기업가나 전문인의 경우에는 이를 자신의 분야를 홍보하는 기회로 활용하여, "이러이러한 분야가 전망이 좋은데, 그게 바로 우리가 하고 있는 것이니 눈여겨봐라"라고 말하기도 한다. 물론 '요 다음에 뜰 무엇'이라는 것이 있기는 있을 것이다. 경제의 사이클과 인구 구조의 변화 등과 같은 거시적 요인 그리고 사회와 문화가 진화되는 방향 등을 고려하여 예측해 볼 수 있는 어느 정도의 '정답'은 있을 테지만, 그렇다고 해서 '성공의 꿈'을 가진 모든 사람들이 그 길을 추구해야 하는가? 물론 아니다. 뻔한 얘기인데도 나 자신을 비롯하여 많은 사람들이 자주 잊고 사는 사실이다.

대학 시절, 무엇이든 결정내릴 일이 있을 때 친구들과 장난 투로 자주 하던 말이, '어떻게 해야 잘했다고 소문이 날까?'였다. 그 결정이 점심을 무엇을 먹을까, 어떤 교통수단을 이용할까와 같은 일상적인 것이어도 '아, 점심을 어디서 먹어야 잘했다고 소문이 날까?' 또는 '지하철을 타고가면 잘했다고 소문이 날까?'

하는 식이다. 조금 더 중대한 사안이 되면, 말 그대로 남들한테 어떻게 소문이 날지 고민을 하게 된다. '아, 어떤 회사에 들어가야 남들이 대단하다고 생각할까?' 또는 '연봉을 얼마나 받아야 친구들이 부러워할까?' 하는 식이다. 1990년대 후반, '졸업 후 무얼 해야 잘했다고 소문이 날까…' 하는 고민에 한참 빠져있던 나의 대학 시절, 불안한 마음에 주섬주섬 책을 집어 들고 도서관에 가면, 매일같이 밤낮없이 불이 환했다. 법대생, 인문대생, 하다못해 공대생까지 다들 '무슨 무슨 법학'이라고 한자로 쓰여 있는 두꺼운 책들을 붙들고, 책 옆에는 형형색색의 형광펜들과 줄자, 연필, 지우개 등을 널려놓고는 책과 눈싸움을 한다. 그 살기가 보통이 아니다. 하나같이 '내가 이것만 붙으면…' 하는 표정이다. 새벽부터 나오지 않으면 도서관에 자리도 못 잡을 정도여서 누군가는 대표로 일찍 나와 이 자리, 저 자리에 책이며, 옷이며, 가방을 던져 놓는다. 그러다가 조금 늦게 나온 학생들에게 트집을 잡히고, 남의 자리까지 잡아 놓았다고 한바탕 싸움도 난다. 한국의 대학 풍경이 지금은 바뀌었는지 모르겠지만, 내가 학생이던 90년대 중후반에는 어느 4년제 대학에 가봐도 비슷한 풍경이 연출되었을 것이다.

타이틀 좋아하는 한국 사람들이 목숨 걸고 도전하던 사법고시. 그것이 평생의 성공과 행복의 지름길인 양 생각하던 학생들이 수두룩했다. 물론 그런 사람들 중에 실제로 자신의 천업을 찾고자 하는 사람들도 많았고, 이들 중에 훌륭한 법관도 나오고 인정받는 변호사도 나오겠지만, 수년에 걸친 준비기간 동안에, 아니 합격 후 몇 해에 걸쳐서도 방황과 고민을 지속하는 사람들을 수도 없이 보았다. 일단 목표한 바대로 '잘했다고 소문'은 났는데, 행복한 기분도 잠깐, 또 다른 의문이 꼬리에 꼬리를 물고 지속된다.

대학 시절을 돌이켜 보면 제일 먼저 생각나는 것이 도서관들마다 자리를 지키고 있던 이들 고시생들이어서 어쩌다 이런 예를 들게 되었지만, 금융이나 투자업계에서도 마찬가지이다. 언젠가부터 이름도 낯선 외국계 은행에 들어가는 것이 졸업을 앞둔 많은 학생들에게 절대적인 목표가 되어버렸다.

한국에서만 그런 것도 아니다. 요 며칠 전, 한 영국계 은행의 트레이더인 친구와 술을 한잔하기로 했는데, 그 친구와 같은 트레이더들을 고객으로 모시는 브로커들이 맨해튼의 'Sushi Samba'라는 스시바에서 접대가 한창이다. 한 어려보이는 브로커와 대화를 하기 시작했는데, 대학을 졸업한지 1년도 안된 사회 초년생이다. 미국에서 명문대를 대표하는 아이비리그(Ivy Leagues)의 한 학교에서 경제학을 공부한 이 친구는 브로커라는 자신의 첫 직장에 매우 흡족하단다. "왜 브로커가 되었나?" 했더니, 금융계로 진출은 하고 싶은데, 자신이 대학을 졸업한 2009년 초반에는 원하는 은행들에서는 뽑는 자리가 별로 없어서 전문 브로커리지(brokerage) 회사에 대신 들어가게 되었단다. 지금 내 주변의 수없이 많은 금융계의 친구들이 무작정 '금융계나 투자계로 진출하고 싶어서', '다른 데보다 돈을 많이 주니까' 내지는 '좋은 레스토랑도 많이 다니고 출장시에도 비즈니스석을 타고 다닐 테니까'와 같은 이유들로 처음 이 업계에 발을 디뎠다. 지난 수년을 돌아보니, 중간에 다른 길로 빠진 친구들도 많고, 결혼을 하고 잠깐 일을 쉬고 나니 다시 어디로 가야 할지 모르겠다는 친구들도 있다.

미국에서 학부를 졸업하고, 10년에 걸쳐 계속 같은 투자은행에서 일을 하다가 작년에 그 은행을 나와서 다른 경로를 고민하기 시작한 한 친구는 이렇게 말한다. 본인과 함께 뱅커로서의 첫 관문인 '애널리스트 프로그램(analyst program)'을 시작한 14명의 동기들 중에, 아직까지 뱅커로 남아있는 것은 단 한 명이란다. 그렇게 드물게, 승진에 승진을 거듭하며 처음 시작한 분야에 계속 남아있는 친구들도 있다. 계속 남아 있는 사람들의 대부분은 이런 삶이 일상이 되어버렸고 뾰족하게 더 나은 현실적인 대안도 없으니 지속하거나, '열정'까지는 몰라도 별다른 불만이 없어서 계속 다닌다거나, '지금 와서 내가 어디를 가겠느냐' 하며 반문을 하기도 한다.

뚜렷한 이유나 목적의식 없이 금융이나 투자업계에서 직장생활을 지속해 오던 대부분의 사람들에게 있어서, 어떻게 보면 2008년의 금융위기가 바짝 정신이 들게 하는 'wake-up call'로 작용했던 것도 같다.

경영대학원을 졸업하고 투자은행에서 일을 시작하는 이들의 대부분은, 보통 애널리스트 프로그램의 다음 단계인 '어소시에이트 프로그램(associate program)'에 합류하게 된다. 그런데 그렇게 다시 일을 시작하고는 몇 년 되지도 않아 다시 커리어를 고민하는 친구들이 수두룩하다. 이것이 결혼을 하고 가정을 꾸리면서 생기는 인생의 우선순위의 변화로 인한 경우도 있고, 경기 불황으로 직장 생활에 위협을 받아서인 경우도 있다. 이렇게 막연한 동경으로 특정 직업을 선택하는 사람들의 방황과 고민은 겉으로 보이지 않는 형태로 지속되곤 한다. 그렇기 때문에 자신이 정말 좋아하고 또 잘하는 일 또는 사람들이 농담처럼 말하는 '거역할 수 없는 신의 부름(God's calling)'을 따라서 일찍이 자신의 '천직'을 찾아낸 사람들은 정말 행운아라는 생각이 든다.

내 주변의 친구들의 예를 들면, 수년을 큰 은행의 인베스트먼트 뱅커(investment banker)나 주식분석가(equity analyst) 등으로 일한 것이 경력의 전부인 이들이, 금융위기를 전후로 와인 유통이니, 제과업계니 또는 인터넷 창업(internet start-up) 등으로 방향을 틀기도 했다. 당장 위험부담도 매우 크고, 돈을 벌기는커녕 계속 투자를 해야 하는 단계가 얼마나 지속될지 모르는 경우가 대부분이지만, 가끔 만나서 얘기를 나눠보면, 벌써 예전에는 찾을 수 없던 다른 차원의 에너지가 느껴진다. 불확실성에 대한 두려움보다는 자신만을 위해 본인이 능동적으로 '창조'한 이 새로운 직업에 대한 무한한 열정과 야심이 느

꺼진다.

이 친구들이 다른 사람들과 확실히 차별화되는 것이 있다면, 남들보다 먼저 자신이 사랑하는 일이 무엇인지를 깨닫고 이를 실현하기로 맘먹었다는 사실이다. 커리어에 대해 진지하게 고민하던 대학원 시절 내내, 당장 그날 저녁에는 '무슨 무슨 은행'에서 주최하는 취업이벤트에 갈 준비를 하면서도, 막연하게나마 '언젠가는 나의 회사를 차려야지' 하는 야무진 꿈을 꾸며 살아가는 친구들이 많이 있었다. 다행히 '헛물켜는 소리하지 말고, 원래 하던 회사 평가(corporate valuation)나 잘 해!' 하는 사람이 없었다. 왜냐면, 사실상 수많은 친구들이 '뱅커'의 삶으로부터의 탈출을 꿈꾸며 경영대학원에 진학하기 때문이다.

반대로 경영대학원에 진학하여 뱅커로서의 삶을 꿈꾸는 이들 중에는 사실 투자은행의 실상을 잘 모르는 엔지니어 출신이나 컨설팅 출신들이 많았다. 어찌되었건, 졸업할 즈음이 되어서는, 당장 2년 동안 쏟아 부은 학비며 생활비를 메우기 위해서, 결국은 '입사 보너스(sign-on bonus)' 수표를 흔들어 대는 투자은행들로 발길을 향하는 이들이 많기는 했지만. 대학원을 졸업한지 어느덧 5년이 넘은 지금, 내 주변의 친한 친구들 12명의 통계를 내보니, 졸업 직후에 투자은행에 들어간 친구가 여섯 명, 헤지펀드에 간 친구가 네 명 그리고 전략 컨설팅 회사에 들어간 이들이 두 명이다. 그 중, 뉴욕의 투자은행에서 '인베스트먼트 뱅커'로 시작한 친구들은 적게는 몇 달 내에, 많게는 2년 만에 하나같이 그 직장을 떠났다. 물론 현재 뱅커가 아닌 삶을 사는 그들은 전보다 돈을 훨씬 적게 벌더라도, 열정이 없던 일의 노예로 살던 시절의 그들보다 훨씬 더 행복하다고 말한다.

2009년에 내가 졸업한 대학원에서 전 세계에서 가장 '성공'한 사람들로 꼽히고는 하는 빌게이츠와 워렌 버핏을 초청한 특별 이벤트가 있었다. 워낙에 미국의 경제상황이 안 좋고 암울한 기운이 감도는 시기에 희망을 북돋아주자는 의미에서 비즈니스 케이블 채널인 〈CNBC〉가 마련한 프로그램의 일환이었다.

역시나 누군가가 질문을 한다. "다음 세대의 빌게이츠를 만들어낼 분야가 어디지요? 저도 그쪽에서 일자리를 찾으려고요!"

'테키(techie)' 출신의 최고경영자였고, 이제는 자선가이자 인권운동가인 빌게이츠가 그다운 대답을 한다. "IT업계는 지금까지 가장 신나는(exciting) 분야였고 앞으로도 다른 업계들의 룰(rule)마저 바꿀 수 있는 가장 신나는 분야이다. 덧붙이자면, 에너지 분야와 제약 분야 역시 앞으로 해야 할 일이 많고 신나는 분야라 하겠다."

이에 뒤질세라, 독특한 인생관과 성공 철학으로 유명한 가치투자의 대가인 워렌 버핏이 덧붙인다. "너를 즐겁게 하는 게 무엇인지를 찾아라(Find what 'turns you on'). 너의 열정이 어디에 있는지를 찾아라(Find what you have a passion for)! ……

남이 너에게 무엇을 하라고 말하게 하지 마라(Don't let any-body tell you what to do)." 나는 버핏을 직접 만나본 적이 없지만, 그를 세 번씩이나 만나보았다는 사실을 자신의 레쥬메에 넣을 정도로 자랑스러워하는 한 펀드매니저의 말을 빌자면, 버핏은 세계에서 손꼽히는 갑부라는 사실이 놀라울 정도로 단순한 것에서 만족을 찾고 행복을 느끼는 사람이라고 한다. 성공의 기준이 무조건 돈이라면, 무턱대고 좋아하는 일을 하라는 워렌 버핏의 조언이 말도 안 되는 소리로 들릴 수도 있겠다. 하지만 성공의 기준은 모두에게 있어 주관적인 것이고, 돈이 궁극적인 목표인 사람에게 있어서도 성공의 기준이 되는 액수는 천차만별일 것이다. 이미 수천만 불을 가진 펀드매니저들이 '멀티 밀리어네어(multi-millionaire)' 라는 사실에 만족하지 않고, 끝없이 '빌리어네어(billionaire)' 를 꿈꾸듯이 말이다.

뉴욕에서는 어렵지 않게 '유명인사' 들의 강연이나 인터뷰를 눈앞에서 보고 들을 수 있는 기회를 접하게 된다. 최근 한 여성 전문인 단체가 주선한 행사에서 미국의 유명 디자이너인 엘리 타하리(Elie Tahari)를 만나볼 기회가 있었다. 맨해튼 다운타운의 패션 중심지인 소호(SoHo)라는 동네에 위치한 자신의 매장에 모인 참가자들에게 그가 지나간 인생 이야기를 해주는 형식으로 진행되었다.

누군가가 또 묻는다. "당신과 같이 성공적인 디자이너가 되려면 어떡해야 되죠?"

영어가 다소 어눌한 이 이스라엘 출신의 디자이너가 의미심장한 표정으로 대답한다. "You should just 'love it'!"

보다 방법론적인 해답을 원하던 그 질문자의 성에 차지 않는 답이었을는지 모르겠지만, 타하리가 전달하고자 한 메시지는 무엇에 대해서 진정한 열정을 가졌다면 이미 자신이 원하는 것을 이룰 수 있는 기회를 가진 것이라는 말이다.

많은 성공한 사람들이 약속이나 한 듯이 똑같은 조언을 주는 것이 단지 우연일까? 내가 지금껏 만나본 크고 작게 '성공'했다는 펀드매니저들이나 CEO들이 꼽는 가장 큰 조건이 바로 자신이 하는 일에 대한 애정과 열정이다.

말콤 글래드웰(Malcolm Gladwell)의 베스트셀러인 《아웃라이어즈(Outliers)》에서 저자가 언급했듯이, 성공한 사람들은 끊임없이 자신이 원하는 일을 할 수 있는 기회를 추구하고, 기회를 얻은 뒤에도 남들과 견줄 수 없을 만큼 엄청난 시간과 노력을 투자한다. 그 과정을 즐길 수 없다면, 10,000시간이 아니라 그것의 10분의 1 또는 100분의 1이라도 꾸준히 한 분야에 투자하는 것이 과연 쉬운 일일까?

투자관리업에서도 이러한 차이는 현저하게 보인다. 날마다 새로운 헤지펀드들이 생겨나고 투자자들의 돈이 쉴 새 없이 각종 펀드들에게로 흘러 들어올 때에는, 어느 건전지 광고에서처럼 매니저들은 마냥 힘이 넘친다. '백만 스물 하나, 백만 스물 둘!' 하고 팔굽혀펴기에 여념이 없다. 그러다가 거품이 확 꺼지고 투자자들의 돈도 함께 썰물처럼 빠져나가고 나면, 이미 대부분의 '에너자이저 버니(Energizer Bunny)'들은 두 손을 탁탁 털고 터벅터벅 걸어나간 지 오래이다. 하지만 그런 분위기에 휩싸이지 않고 그 와중에도 계속해서 새로운 투자 아이디어를 연구하고, 얼굴이 반쪽이 되도록 비행을 하며 여기저기에 투자 실사를 하러 다니는 이들이 분명히 있다. 그 정도의 열정을 갖고 변화하는 마켓에 능동적으로 대응하는 사람이라면, '돈 줄 테니 일 그만 해라' 하는 것이 불행의 시작일는지도 모르겠다.

돈과 명예를 떠나서도 나를 힘차게 움직일 수 있는 원동력이 무엇인지를 알아내는 것은 쉬운 것 같으면서도 결코 그렇지 않다. 자신에게 있어 이러한 '원동력(drive)'이 무엇인지를 일찍이 깨닫는 사람들은 엄청난 행운아이다.

이제 갓 대학을 졸업하여 투자은행에서 일을 시작한 1년차 애널리스트라면 자신이 남들보다 먼저 '꿈의 직장(dream job)'을 찾아냈다고 생각할지도 모른다. '너도 나처럼 이러한 꿈의 직장을 잡을 수 있다'며 친구나 후배들에게 강연을 하며 다닐는지도 모르겠다. 다른 업종의 초봉과는 비교도 안 될 연봉과 연말 보너스 그리고 그런 '멋진' 직장을 잡지 못한 친구들의 부러운 눈길을 볼 때 느끼는 뿌듯함에 현혹되어 자신이 그 '일'을 사랑하는 것이라고 믿기도 할 것이다. 하지만 이러한 과정을 거쳐 간 많은 이들이 물질적이거나 그 외의 외형적인 보상들만으로는 성이 차지 않는다는 것을 얼마 가지 않아 깨닫곤 한다.

투자은행이나 헤지펀드에서 일하는 이들 사이에서 업계의 '고전' 으로 여겨지는 올리버 스톤(Oliver Stone) 감독의 영화 '월스트리트(Wall Street)' 를 기억하는가. 실제로 월스트리트에서 일하는 친구들 중에는 영화 속의 악덕한 주인공 고든 게코(Gordon Gekko)의 대사를 똑같이 흉내 내며 줄줄이 읊는 이들이 있을 정도이다. 'Greed is Good!(욕심은 좋은 거야!)' 라는 대사로 유명한 마이클 더글라스(Michael Douglas)의 연기를 23년 만에 속편에서 다시 볼 수 있게 되었다. 그가 분한 영화 속의 인물처럼, 많은 사람들에게 있어서 물질적인 것이 커리어뿐만 아니라 인생 자체를 이끌어 나가는 근본적인 원동력이 될는지도 모르겠다. 하지만 더 많은 이들에게 있어서 그보다 더 근본적인 힘의 원천이 존재하리라고 믿는다.

어떤 일을 할 때, 어떤 사람을 만났을 때, 무엇을 보았을 때 또는 어떤 이야기를 들었을 때 당신의 심장이 내달리는 것을 느끼는가? 기차의 증기가 요란한 소리를 내며 하늘 높이 힘차게 뿜어 올라가듯이, 무엇이 나로 하여금 어서 달려 나가라고 가슴 속에서부터 외쳐대는가?

꿈 그리고 더 큰 꿈

"I may not have gone where I intended to go, but I think I have ended up where I intended to be."

("내가 가고자 했던 방향으로 가지 않았을지는 몰라도, 결국에는 내가 있고자 했던 곳에 와있었다.")

– 더글러스 애덤스(Douglas Adams)

쌀쌀한 아침이었다. 햇볕이 얼굴을 따스하게 비추다가도 금세 어디서인가 거센 바람이 불어온다. 오랜만에 브루클린의 한 퍼블릭 코스로 골프를 치러나가는 길이었다. 맨해튼 남단에서 브루클린을 연결하는 이 브루클린 브리지는 멀리서 보아도, 그 위를 달리며 올려다보아도 운치가 있고 근사한 건축물이다. 다리 위를 지나며 하늘을 올려다보니, 구릿빛 철조물 가지들 사이사이로 보이는 파란 하늘에 가득한 뭉게구름이 장관이다.

8년 전이던가. 광화문의 사무실에서 일하던 시절, 길 건너 서울 파이낸스센터 내에 실내 골프 연습장이 갖춰진 짐(gym)이 들어서면서 처음 배운 골프이다. 퇴근길에 짐에 들러서 하루에 몇 백 개씩 골프공을 쳐대며 스트레스를 해소하는 것이 일상이었는데, 지금도 가끔씩 골치가 아프거나 스트레스를 받을 일이 있는데 맥주 한잔 같이 마실 사람이라도 없는 날이면, 첼시(Chelsea)에 위치한 맨해튼의 유일한 골프연습장에 가서 곧잘 공을 치고는 한다. '딱!' 하는 소리와 함께 커다란 포물선을 그리며 날아가는 공을 바라보는 데에 처음 재미를 들인지라, 정작 제대로 된 코스에 나가면 나의 게임은 형편없기 그지없다.

일주일 앞을 예측할 수 없을 정도로 변덕스러운 날씨가 지속되던 초봄의 그날은 '오후가 되면 좀 따뜻해지겠지' 하는 기대를 안고 코스로 나섰다. 힘차게 스윙을 하고 나서 시원스레 하늘을 날아가며 점점 작아지는 하얀 점을 바라보는 나의 마음은 뿌듯하기만 하다. 저 멀찌감치 나무숲을 넘어 떨어진 공이 뺑글뺑글 돌아가다가 페어웨이 위에 올라앉았는데, 이게 웬걸. 옆의 다른 그룹이 치고 있는 페어웨이에 올라앉아 버렸다. 똑바로 친다고 쳤는데, 왜 자꾸만 오른쪽으로 날아가는지…. 분명히 12시 방향을 겨냥한 나의 공이 2시 방향으로 쭉 날아가 남의 게임에 합류해 버렸으니, 당황스럽기 그지없다. "Hit it again, hit it again!" 하는 친구들의 만류에도 불구하고 오기가 생긴 나머지, 티샷을 다시 치지 않고 그냥 저 공을 기어코 제 궤도에 올려놓으마 했다. 그리고는 내려가서 두 번째 샷을 날렸는데, 이제는 아예 반대쪽 숲으로 힘껏 날아가 내려앉는다. 이번에는 내가 겨냥한 페어웨이의 왼쪽 변두리이다. 민망하기도 하고, 그냥 새 공을 슬쩍 내려놓고 편한 곳에서 다시 칠까도 했지만, 거리상으로는 그래도 홀에 부쩍 가까이 왔으니 포기할 이유가 없다. "이리로 가나 저리로 가나, 거기만 가면 되지 뭐…. 그래도 많이 가까워졌어!" 했더니, 다들 웃는다.

나의 지난 10년의 커리어가 어쩌면 나의 골프게임과 닮았다는 생각이 든다. 처음부터 숙련이 되어 있었다면, 커다란 지그재그를 그리면서 남보다 두 배, 세 배로 발품을 판 끝에 그린에 닿을 것이 아니라, 좀 더 조절된 게임으로 최단 거리로 홀에 닿을 수도 있었을 텐데. 하지만 이러한 시행착오가 반복이 되더라도 다다르고자 하는 목표 지점이 확실히 정해져 있어서, 이를 향해 꾸준히 달려갈 때에는 그나마 어려울 것이 없다. 내가 성취하고자하는 것이 무엇인지를 잊어버렸을 때 또는 열중하고 있던 무언가에 대한 회의감이 몰려들 때에는 마냥 땅 밑으로 꺼질 것만 같은 무기력이 들 때가 종종 있다.

사람마다 이런 상황에 대처하는 방법이 여러 가지가 있겠지만,

나의 경우에는 일단 아이파드(iPod)를 집어 들고는 아파트 내에
있는 짐에 내려가 비트가 강한 음악을 들으며 30분이고 한 시간
이고 뛰곤 한다. 때로는 강렬하고 극적인 느낌이 드는 오케스트
라 뮤직을 듣기도 하고, 귀가 째질 듯한 전자 바이올린 연주를
듣기도 하고, 루치아노 파바로티처럼 음량이 풍부한 테너가 허파
가 터져라 불러대는 오페라 음악을 듣기도 한다. 그러고 나면 마
치 요술처럼 모든 게 다 잘 될 거라는 확신이 다시 생기곤 한다.
그 정도로 해결될 상황이 아니면, 밖으로 나가 허드슨 강가를 따
라서 한동안 걷기도 하는데, 그러면 희한하게도 지금 당장 눈앞
에서 나를 괴롭히는 문제들보다도, 인생 전체라는 큰 그림에 대
한 시각이 다시 되돌아오곤 한다.

　그렇게 얘기하는 나에게 나의 한 친구는 그런 말을 했다. 자기
는 무언가에 좌절되거나 무기력해질 때면, 온갖 야채들을 도마
위에 올려놓고 꼼꼼히 썰기 시작한다고. '손가락 다치지 않게 조
심조심, 잘게 잘게 잘 썰어야지…' 하면서 집중을 하다보면 어느
새 마음을 괴롭히던 그 문제는 싹 잊힌단다. 그리고는 정통 궁중
요리 못지않은 요리를 한 그릇 그럴싸하게 완성시켜 놓으면, 다
시 기분이 좋아지고 자신감이 생긴다고 하니 사람마다 그때그때
효과적으로 자신의 마인드를 다스리는 방법은 정말 여러 가지인
것 같다.

　머리를 식힐 겸 강가를 따라 걸어 올라가다가 집에서 멀지 않

은 카페 안에 들어왔다. 자리를 잡기 위해 홀에 앉아 있는 사람들을 쭉 한번 둘러보았는데, 노트북을 열고 무언가에 몰두하고 있는 사람들이 열 명이 넘는다. 놀랍게도 이 중 단 한 명을 제외하고는 하나같이 애플사의 맥북 제품을 사용하고 있다. 그 중 한 명은 출시된 지 얼마 되지 않은 날씬하고 세련된 태블릿 컴퓨터인 아이패드(iPad)를 작은 스탠드에 세워놓고 무언가를 열심히 읽고 있다.

주중의 오후에 뉴욕 다운타운의 이 카페에 앉아 무언가에 몰두하고 있는 사람들처럼 굳이 애플사(Apple)의 팬이 아니라고 해도, 애플사의 CEO인 스티브 잡스(Steve Jobs)는 누구나 다 알 것이다. 그의 인생 이야기는 워낙에 세상에 잘 알려져 있지만, 그가 2005년에 미국의 스탠포드대학교의 졸업식에서 한 연설을 들어본 사람이 얼마나 되는지는 잘 모르겠다. 마침 내가 대학원을 졸업하고 새로운 직장에서 일을 시작할 즈음이어서, 나도 그때 그의 연설을 처음 들었다. 그런데 대학원 시절 내내 굴지의 CEO나 펀드매니저들이 각종 이벤트에서 연설하는 것을 하도 많이 들어서였는지, 당시에는 그저 흔하디흔한 성공한 자의 배부른 인생 경험담 정도로만 들렸었다. 그리고 회사를 나온 뒤인 5년 후에 인터넷에서 다시 그 비디오를 찾아 들었을 때에는, 같은 연설이 얼마나 명쾌하고도 신선하게 들렸는지 모른다. 5년 전과는 달리, 그가 하는 이야기 하나하나에 새록새록 공감이 갔다.

2010년 초, 전 세계의 IT업계에서는 애플사의 야심찬 신상품인 아이패드의 출시를 불과 몇 달 앞두고, 이 신상품이 모바일 컴퓨팅 기기 시장(mobile computing device market)에서 갖게 될 의미를 논하느라 떠들썩했다.

아이패드가 스토어에 출시를 하던 2010년 4월 2일, 맨해튼 곳곳에 위치한 투명한 주사위 모양의 애플 스토어들은 축제 분위기에 휩싸였다. 스토어 앞에서 전날 밤부터 진을 치던 광팬들이 마침내 그 빛나는 기기를 손에 쥐고 힘차게 걸어 나왔다. 하늘 높이 주먹을 치켜 올리며 환호성까지 치는 사람들을 보며, 그런 생각이 들었다. 한 사람의 포기하지 않는 열정과 끊임없는 상상력 그리고 도전이 이루어낼 수 있는 결과는 정말 무한하다고. 많은 사람들이 기억하겠지만, 한때 파산의 위기에 처했던 애플사에 복귀하여 궤도에 올려놓은 스티브 잡스는 2004년에 췌장암으로 인해 몇 개월밖에 살날이 남지 않았다는 진단을 받은 적이 있었다. 그런데 다행히도 췌장암 중에서도 상당히 드문 '신경내분비 섬세포 종양'이라는 것이어서 수술을 통해 다시 건강을 되찾을 수 있었고, 계속되는 신상품 개발로 애플의 신화를 지속시킬 수 있었다. 위기 이후에도 끊임없이 이어졌던 그의 열정이 아니었다면, 애플사가 지금까지 이끌어온 것과 같은 IT업계의 혁신이 과연 가능했을까.

"You can't connect the dots looking forward ; you can

only connect them looking backwards. So you have to trust that the dots will somehow connect in your future. You have to trust in something — your gut, destiny, life, karma, whatever. This approach has never let me down, and it has made all the difference in my life."

("미래를 미리 내다보고 점들을 연결할 수는 없다. 과거를 되돌아보았을 때에야 점들을 연결할 수가 있다. 그래서 언젠가 미래에 어떻게든 그 점들이 연결되리라는 것을 믿어야 한다. 무언가에 신념을 가져야 한다. 그게 무엇이 되었건, 예감이든, 운명이든, 인생이든, 업보가 되었든지 간에 말이다. 이런 접근은 결코 나를 실망시킨 적이 없고, 나의 인생에 엄청난 변화를 가져다주었다.")

스티브 잡스가 계속 꿈꿀 수 있었던 이유는 뭘까. 그가 그 유명한 검은색 터틀넥 윗도리를 입고 새로운 제품을 발표할 때마다 느끼는 점이지만, 그가 하는 일은 비즈니스 그 이상이다. 정말 매일 꿈을 꾸며 살아가는 사람 같다는 느낌이 든다. 하다못해 그는 1985년 애플사에서 퇴출당했던 것이 자신의 인생에서 일어날 수 있었던 최상의 일이었다고까지 말한다. '성공이라는 것의 무게가 다시 시작하는 자의 가벼움으로 대체되었다'고 말하는 그는 '해고'라는 것이 자신의 인생에서 가장 창조적인 기간에 돌입할 수 있도록 그를 자유롭게 해주었다고 역설한다. 물론 다 지나가고 나서 과거의 시련들 속에서 의미를 찾는 'hindsight(후견지명)' 을 갖기는 쉬워도, 어떤 시련이 닥쳤을 때 앞을 내다보고 마음을 잡을 수 있는 'foresight(선견지명)' 을 가지기란 어려운 일이다. 하지만 그럴 때일수록 스티브 잡스가 말했듯이 '결국에는 점들이 연결되리라' 는 것을 기억하자.

　나부터도 예전에는 열심히 노력을 해서 원하는 것을 당장 얻지 못하면 마냥 이를 원망하곤 했었는데, 언젠가부터 단기적인 결과에 크게 집착하지 않는 습관이 생겼다. 갈구하는 무엇인가가 있다는 것 그리고 그것을 실현하기 위해서 계속 꿈꾸고 노력하면서 살아가는 그 과정 자체를 즐기는 법을 어느새 배운 것 같다.
　꿈꾸기를 멈추지 말고, 계속해서 원하자. 그 꿈을 실현해가는 과정에서, 기대했던 멋진 신세계가 펼쳐지는 대신에 또 다른 더 큰 장벽이 눈앞에 닥칠지라도, 남들이 나에게 바보라고 손가락질을 할지라도…. 내가 다다르고자 하는 그 '그린' 위에 공을 올려놓을 때까지 말이다. 스티브 잡스가 연설 중에 인용했던 말처럼, "Stay hungry. Stay foolish."

R. 뉴욕에서 찾은 한국

Authenticity :
진짜인 게 끌린다

"Be yourself ; everyone else is already taken."

("'자신'이 되어라. '다른 사람'은 남들이 이미 다 차지했다.")

– 오스카 와일드(Oscar Wilde)

언젠가부터 미국에서는 실제 삶의 모습을 TV 쇼로 제작하여 방영하는 리얼리티 쇼(reality show)가 인기를 끌기 시작했다. 탑스타도 아니고 일반인도 아닌 이들의 화려하다면 화려한 일상들을 TV 드라마처럼 엮어내는 것인데, 그런 쇼들을 보고 있자면, 저 사람들은 24시간 카메라가 따라다니는 것을 알고 그렇게 행동하는 것인지, 전혀 의식하지 않고 행동하는 것인지 헷갈릴 때가 많다.

한번은 수영복 디자이너인 아내를 둔 대학원 친구에게서 이메일이 왔다. 뉴욕의 사교계를 그리는 리얼리티 TV 쇼의 주인공이 아내의 수영복 패션쇼에 모델로 참여를 하는데, 시간이 되는 사람들은 맨해튼의 한 호텔 내의 풀장으로 와서 관람을 해달라는 것이다. 그러면서 '현대적이고 섹시해야 한다'는 드레스 코드를 잊지 않고 주지시켜 준다. 마침 그날 저녁 그 일대에서 친구들을 보기로 한 터라 다 함께 그 호텔에서 만나기로 하고 시간을 맞춰 도착하니, 늘씬늘씬한 모델들이 풀장에 모여 흥겨운 장면을 연출하고 있다. 칵테일을 하나 시켜서 친구들과 애기를 나누고 있자니 머리끝부터 발끝까지 세련되게 차려입은 여자 하나가 "이젠 더 못 참겠어!" 하고 소리를 지르며 드라마틱하게 뛰쳐나온다. 그 뒤로 촬영 스태프들이 동작 하나, 말 한마디라도 놓칠세라 카메라를 들고 조명등을 비추며 부랴부랴 따라 나온다.

"진짜야? 가짜야?" 옆에서 이 광경을 지켜보던 우리는 어리둥절할 따름이다. 그 여자가 진짜로 화가 난 걸까, 아니면 서로 짜고서 연출하는 광경일까? '리얼리티'인가, '쇼'인가?

그리고 몇 달이 지나서 어느 날 TV를 켜니, 몇 달 전 촬영을 '관람' 했던 그 리얼리티 쇼가 방영 중이다. 알고 보니, 주인공이 그동안 뉴욕의 사교계에서 환영받을 만한 가짜 이름을 사용해 왔는데, 그것이 들통이 나서 구설수에 오르자 억울하다며 서럽게 울고 있는 장면이다. 그가 "나는 나일뿐이야! 나는 다른 사람이 아니라구…" 하고 울부짖는다. 그 대목에서는 주인공이 카메라를 꺼달라고까지 요구하는 것을 보니, 다른 장면들과는 달리 연기가 아닌 실제 상황이었던 것 같기도 하다. 그녀는 엄연한 리얼리티 TV '스타' 이니 그렇다 치지만, 현실 속에서도 이러한 정체성의 혼란을 겪는 사람들이 많은 것 같다.

짐 캐리(Jim Carrey)가 주연한 영화 '트루먼 쇼(The Truman Show)' 를 본 사람이라면 혹시 '트루먼 증후군(Truman Syndrome)' 이라는 말을 들어본 적이 있는지 모르겠다. 자신의 인생이 리얼리티 TV 쇼라고 착각하는 증세를 '트루먼 쇼 증세' 라고 하는데, 이러한 TV 쇼가 하도 난무하다보니, 어떤 사람들은 자기도 모르는 새에 자신의 일상이 녹화되고 남들에게 방영된다고 믿게 되는 증세를 일컫는 말이다.

닭이 먼저인지, 계란이 먼저인지는 모르겠지만, 뉴요커들 중에는 이러한 증세를 가진 이들도 많고, 뉴욕이라는 곳은 실제로 수많은 리얼리티 쇼의 배경이 되고 있다. 대부분의 사람들이 '이방인' 이거나, '방문객' 이거나, 그도 아니면 '소수민족' 인 이곳에서, 많은 사람들이 자신을 재발견하기도 하고, 마치 카메라 앞에 선 리얼리티 쇼의 주인공처럼 자신을 새로운 아이덴티티로 '재창조' 하기도 한다.

미국 각지는 물론 여러 나라에서 온 외국인 친구들을 보면,

그들의 외모부터 사용하는 언어, 먹는 음식, 살아가는 방식까지도 우리 것과는 달라 멋있어 보일 때도 많다. 그래서 그런지, 이곳에서 소위 '퓨전식' 한국 음식점이 생기면 제일 좋아라 하는 것은 한국 사람들이다. 마치 '한국 음식도 이렇게 서구적이고 트렌디(trendy)할 수 있다'는 것을 증명하게 되어 자랑스럽기라도 한 듯이. 그렇지만 이런 음식점에 가본 외국인 친구들은 하나같이 그런다. "But it's not 'authentic'!" 그들은 비싸기만 한 국적불명의 음식에 실망을 감추지 못하고, 다시 'authentic(진정한)' 한국 음식을 찾아 한인 타운의 북적대는 음식점들로 돌아간다.

음식뿐만이 아니다. 생긴 외모에 있어서도 마찬가지이다. 미국에는 워낙에 중국계나 한국계 사람들이 많이 살아서, 한눈에 이를 구별할 수 있는 미국인들도 꽤 있다. 그들의 눈에는 아주 미묘하게 보이기는 하겠지만, 한국, 중국 그리고 일본 사람들은 각기 다른 나름의 독특한 매력을 가지고 있기 때문이다. 그 중에서도 한국 사람들이 특히 잘생겼다 또는 아름답다고 생각하는 외국인들이 많은데, 그들이 생각하는 '매력적인 한국인'의 모습은 국내에서 생각하는 것과는 다소 차이가 있다. 한국의 연예인들처럼 순정만화에서 튀어나온 듯한 커다란 눈망울에 오뚝한 코, 백옥같은 피부만을 생각한다면 절대 오산이다. 물론 그런 용모를 가졌으면 세계 어디를 가도 '예쁘다' 소리를 듣기는 하겠지만, 가늘고 긴 홑겹의 눈과 서양인들보다 높이 솟은 광대뼈가 주는 동양적인 매력, 그 독특한 힘은 없다.

어느 날은, 내가 일하던 회사의 파트너의 부인이 나에게 한국의 전통의상을 무어라 부르느냐고 느닷없이 묻는다. 전통적으로 뉴욕 맨해튼의 부촌을 상징하는 어퍼 이스트 사이드의 마나님이신 그가 그런 건 왜 묻는지 의아하여, 왜 그러냐고 되물었더니, 그 전 주말에 파크 애비뉴의 한 교회에서 결혼식을 마치고 나오는 신부를 보았는데, 그녀가 너무나도 아름답고 화려한(opulent) 전통의상을 입고 있었다고 한다. 그 신부가 입고 있던 한복의 아름다움에 반해, "저건 도대체 어느 나라 옷이냐?"고 하객으로 보이는 누군가에게 물었더니, 한국의 전통의상이라고 그러더란다. 그렇게 한복을 난생 처음 본 외국인들이 그렇듯이, 한국의 전통적인 것에 익숙한 한국인들도 외국에 나와서야 그 진정한 아름다움에 감탄하게 될 때가 많다.

그래서 그런지, 한국에서 자라나서 미국에 안주하게 된 나의 친구들 중에, 결혼식은 굳이 한국에 돌아가서 전통혼례를 치르겠다는 이들이 몇 명 있다. 한국인 손님들보다 외국인 손님이 더 많이 오는 관계로, 아무래도 동양 여자에게는 어색해 보일 수도 있는 웨딩드레스를 굳이 입고 싶지 않다는 것이다. 그러면서 나의 절친한 한 친구는 한복을 입고 세계 곳곳에서 온 손님들에게 전통혼례를 보여줄 생각에 한참 들떠있다.

내 개인적으로도 '세계인'으로서의 눈을 뜨게 된 것도 뉴욕에 와서였지만, 한국의 '본연'의 것이 얼마나 아름다운지를 깨닫게 된 것 또한 여기에 와서였다. 그래서 그런지, 갈수록 더 한국적인 것을 찾게 된다. '가장 한국적인 것이 가장 세계적'이라는 말에는 어폐가 있을지 몰라도, '가장 한국적인 것이 가장 매력적'인 순간들은 분명히 무수히 많다.

본촌치킨과 핑크베리

"Let Pinkberry and Red Mango cede
the stage for the city's newest rivalry : Bon Chon versus
Kyochon."

("핑크베리와 레드망고는 뉴욕의 새로운 경쟁자들에게 무대를
내주어야겠다. 이름하여, 본촌치킨 vs 교촌치킨.")
- 〈뉴욕타임즈〉, 2010년 6월 2일('$25 and Under' 칼럼 중에서)

한국에서 온 유학생이 되었건, 미국에서 자라난 한인 교포가
되었건, 아니면 그냥 한국인을 친구로 갖고 있는 미국 사람이 되
었건, 맨해튼 32가의 한인 타운은 사람들과의 만남을 돈독히 하
고 하루를 마무리하기에 더없이 좋은 곳이다. 한밤중에 갑자기 뜨

끈뜨끈한 설렁탕이 생각나거나 집에서 엄마가 끓여주신 된장찌개에 해물파전이라도 생각이 나면, 영락없이 무리를 지어 향하는 곳이 바로 한인 타운이다. 다른 도시의 한인 타운이나 한인 음식점에 가보면, 국적불명의 음식이 서빙되는 경우가 자주 있다. 뉴욕이나 로스앤젤레스처럼 한국 사람들이 밀집한 곳이 아니고서는, 적당히 미국 사람들이 좋아할 만하게 메뉴를 짜서 일본 음식이나 타이 음식 비슷하게 서빙하는 경우도 많다. 그렇게 정체성이 상실된 음식점에서는 음식 자체도 맛이 없을 뿐더러 분위기도 조악하기 십상이지만, 뉴욕에서는 한인 타운에만 가면 제대로 하는 한국 음식점을 얼마든지 찾을 수 있다. 전 세계의 식도락가들이 모여들고, 집 밖에만 나가면 세계적인 수준의 셰프(chef)들이 제공하는 각국의 요리를 맛볼 수 있는 이런 도시에서, 한국 음식이 많은 세계인의 사랑을 받는다는 것은 뿌듯하기 그지없는 일이다.

뉴욕에서 일을 하는 몇 년간, 투자자들이나 해외에서 방문하는 펀드 매니저 등과 저녁식사를 해야 할 때도 많이 있었고, 친구들이나 동료들이 비즈니스 디너의 장소를 결정하지 못해 서로 의견을 교환하는 경우도 많았다.

나와 같이 일하던 동료 중 하나는 주로 투자자들을 상대하는 마케팅 업무 전담이어서 비즈니스 디너가 잦은 편이었는데, 본인이 개인적으로 음식에 관심이 많은 'foodie', 즉 식도락가이기도 했고, 뉴욕에 누가 새로운 레스토랑을 열었다 하면, 일 핑계로라도 반드시 가보고 다음날 동료나 친구들에게 얘기하기를 좋아하는 친구였다. 이 친구가 한인 타운과 비교적 가까운 첼시(Chelsea)라는 곳에 살고 있었는데, 몇 년 전 어느 날은 나에게 뜬금없이 그런다. "헤이, '반찬'이라는 데 가봤어? 거기 맛있던데!" 새 레스토랑에 있어서 그다지 정보가 빠르지 않은 나는 내가 모르는 사이에 무슨 새로운 한국 음식점이 생겼나 했다. 비교적 최근에 생긴 음식점 중에는 '수라'니, '가마'니, '도화'니, '반'이니 하여, 미국 사람들이 듣기에 독특하면서도 아름답게 들릴 수 있는 한국적인 이름의 음식점들이 꽤 있다. 한인 타운이 아닌 다른 동네에 이런 퓨전식 한국 음식점이 생기면, 〈뉴욕 타임즈〉와 같은 주요 신문에 곧바로 소개되기도 하고 꼭 얼마동안은 화제가 되곤 하지만, 대부분의 곳들은 시간이 지나면 잊히곤 한다. 이런 곳들은 다른 나라의 음식들과 경쟁해야 하는 위치적인 요인 때문인지, 많은 뉴요커들에게 있어서 그저 '한 번쯤 가볼만한' 음식점 정도로 인식되는 경우가 많고, 한인 타운에 밀집한 일반 한국 음식점들만큼 오래도록 대중적인 인기를 끌지 못하는 것이 대부분이다. 그래서 나는 '반찬'이라는 이름의 퓨전 한식집이 생겼으려니, 이제 좀 지나면 잊혀지려니 했다.

그러고 나서 얼마 후에야 안 일인데, 그 친구가 'Bonchon(본촌)'이라는 한국식 양념치킨집을 미국식으로 발음한 것이었다. 내가 어릴 때에는 그냥 '멕시칸 치킨'이라고도 했고, 지금은 '교촌치킨'이라 하여 한국에서 이미 널리 알려져 있는 양념치킨 체인점과 같은 것을 누군가가 비슷한 이름으로 미국에서 연 것이다. 원래는 한인 타운 근처에만 있던 것이, 지금은 맨해튼 내의 이곳저곳에 하나하나 늘어가고 있다.

서울의 신촌이나 홍대 입구처럼 젊은이들이 많이 다니는 이스트 빌리지(East Village)라는 동네의 체인에 가보면, 한밤중에도 중국 사람, 인도 사람, 미국 사람 할 것 없이 테이블마다 사람들이 빼곡히 들어차서는, 우리가 자라면서 멕시코 음식인 줄 알았던 그 비슷한 양념치킨을 두 손에 들고는 열심히들 뜯고 있다. 어디에 있는 무슨 음식점이 맛있다며 아는 척하기 좋아하는 뉴욕의 미식가들 중에 한국식 치킨집 '반찬'을 안다며 생색을 내는 외국인들을 보면 재미있기도 하다.

먹는 얘기를 하다 보니, 얼마 전 TV에서 방영했던 '음식혁명(Food Revolution)'이라는 프로그램이 생각난다. 이 프로그램의 주인공인 제이미 올리버(Jamie Oliver)는 미국에서 '가장 살찐 동네'에서 사람들의 식생활 개선을 이끄는 캠페인을 벌이게 된다. 이 TV 쇼를 본 적이 있는 사람이라면 알겠지만, 제이미가 '개혁'시켜야 하는 버지니아 주(State of Virginia)에 위치한 헌팅튼(Huntington)이라는 곳의 한 초등학교에서는 한마디로 충격적인 일이 벌어지고 있다. 아침식사에 서빙되어 나오는 것이 피자, 점심이 소위 우리가 말하는 인스턴트 음식들(processed foods)이고, 매일 비슷한 종류의 기름에 튀긴 음식들이 식단을 채운다. 영국인인 제이미는 이 낯선 미국 땅에서 기존의 식생활에 익숙해져버린 어른들과 아이들 모두에게 저항의 대상일 뿐이다. 미국에서는 극심하게 살이 찐 사람들에 대한 우려가 사회문제로까지 대두되고 있는데, 이 뉴욕이라는 곳은 미국의 대표적인 도시들 중의 하나이면서도 어떤 점에서는 참 미국스럽지 않은 곳이다. 길거리에 나가도, 지하철을 타도, 운동을 하러 짐에 가도, 늘씬늘씬하고 건강하게 팔다리에 근육까지 적당히 붙은 멋진 몸매의 사람들 투성이이다. 사람들의 식생활을 보면 유별나기 그지없다.

나의 경우는 개인적으로 밀가루 음식을 워낙 좋아해서 어릴 때부터 빵이며 과자부터 국수나 전 같은 것들 없이는 못살았는데, 여기에서는 이런 탄수화물 류를 많이 먹는 사람은 무슨 미개인인 양 여기는 경우가 많다. 그도 그런 것이, 아시아 사람을 제외하고 대부분의 다른 인종의 사람들은 덩치부터가 훨씬 더 크기도 하고, 살이 찌면 정말 순식간에 거대해지기도 한다. 지하철을 타고 다니다보면, 세 명이 앉을 자리를 차지하고 떡하니 앉아 있는 사람도 드물지 않게 보이며, 미국 항공사들 사이에서 비만인 사람들에게 비행기 요금을 어떻게 부과해야 하는가에 대한 논란이 한창 일기도 했을 정도이니, 이 정도면 그저 웃어넘길 일이 아니다.

내 주변의 한국 친구들도 식이요법이다, 운동이다 유별을 떠는 사람이 많지만, 비만인 미국 사람들에 비해서 객관적으로 정말

살이 많이 쪘다거나 건강에 지장이 있을 정도인 사람은 거의 없다. 그래서 많은 백인들, 특히 여성들의 경우에는 아시아 사람들의 식생활에 유난히 관심이 많은데, 최근 몇 년 사이 불거진 이를 반영하는 또 다른 트렌드 중의 하나가 바로 날로 인기를 더해가는 요거트 아이스크림이다. 서울처럼 무더위가 한동안 계속되는 여름이면 시원한 아이스크림 생각이 절실한데, 살찔 우려 때문에 실제로 아이스크림을 사다 먹는 뉴요커는 많지 않다.

이런 현실 속에서 구세주로 등장한 것이, 전통적인 의미에서는 한국적인 것이 아님에도 불구하고 어느새 '한국의 것'으로 자리매김한 요거트 아이스크림이다. 한국에서도 수많은 점포를 가지고 있는, 영어로 생각하면 약간 우스꽝스러운 이름의 '레드망고'라든지, 이를 본떴지만 이보다 먼저 뉴욕에 점포를 열어 요거트 아이스크림의 선두주자로 자리매김한 '핑크베리' 등이 그것이다. 둘 다 이제는 맨해튼의 어느 동네에서도 언제든지 걸어서 찾아갈 수 있을 정도로 커다란 점포망을 형성하고 있는데, 어느 지점을 가 봐도 신선하고 깔끔한 느낌의 가게 안에는 어김없이 쪼르륵 줄지어 서서 차례를 기다리는 사람들로 넘쳐난다. 이렇게 '한국식' 요거트 아이스크림이 이제는 계절도, 국적도 가리지 않는 모든 뉴요커들에게 사랑받는 하나의 식생활 트렌드로 자리매김한지 오래이다.

음식 문화에서뿐만이 아니다. 다양한 배경과 가치관 그리고 독특한 재능을 지닌 각국의 사람들이 어우러져서 사는 뉴욕에서는 평범하지만 여러 분야에서 빛을 발하고 있는 한국 사람들을 어렵지 않게 만날 수 있다.

　며칠 전에 뉴욕의 미드타운에 위치한 한국 문화원(Korean Cultural Services Center)이라는 곳에서 한 아트 컨설턴트의 프레젠테이션이 있었다. 전 세계 예술품 시장에 대해 논하고, 100점 가량 되는 한국계 예술가들의 작품을 슬라이드 쇼로 선보이면서, 거기에서 엿보이는 작가들의 개성과 정체성 등에 대한 해석을 곁들이는 형식이었다. 내게 인상적이었던 것은 일단, 한국에서 자라난 현대예술가들과 외국에서 자라난 한국계 예술가들의 예술 세계가 너무나 다른 정체성을 내포하면서도 제각기 아름답다는 것. 그리고 한국인 작가가 제작한 작품들 중에서는 특히 서양의 예술가들에게는 잘 보이지 않는 꼼꼼하고 집요하면서 손이 많이 가는('hand-crafted') 작업을 요하는 작품들이 많이 보인다는 것이다. 작품을 완성하는 데 들어갔을 시간과 작업 과정을 상상해 보면, 어찌 보면 미련하기도 하고, 답답하기도 하다. 코미디 영화 '빅 레보우스키(The Big Lebowski)'를 본 적이 있는 사람이라면 기억할지 모르겠지만, 거기에 나오는 아방가르드 예술가 모우드 레보우스키(Maude Lebowski)가 그랬듯이, 온몸에 페인트칠을 한 채로 타잔처럼 줄을 타고 내려와 온몸으로 철퍼덕 캠퍼스에 부닥쳐도 그럴싸한 추상화가 나올 법한데 말이다.

그렇지만 결과물을 보라. 그 '집요함' 없이는 절대 만들어질 수 없는 독특한 아름다움, 얼마나 특별한가.

어떤 접근법이 되었건 나만의 정체성과 신념이 있다면, 남들이 생각해내지 못한 유일무이의 가치를 지니는 것을 만들어 낼 수 있다. 그것이 몇 사람의 아이디어에서 진화한 식생활의 트렌드가 되었건, 아니면 끈기와 집요함으로 이루어낸 예술품이 되었건 간에, '한국적'인 것은 우리가 계속해서 만들어 가야 하는 끊임없이 진화하는 것으로 이해해야 한다고 생각한다. '한국적'인 것이 단지 '전통적'인 것만을 의미하는 것은 더 이상 아니다. 굳이 전통적인 것이 아니라고 해도, 남의 것을 어설프게 모방하지 않고 한국적인 문화와 가치관을 반영하는, 그리고 우리만의 삶의 방식과 기호, 정체성을 담은 것이라면 한국 '본연(authentic)'의 것으로 자리매김할 수 있는 것이다.

뉴욕에서 보는 평양 골프장

다양한 국적을 가진 사람들이 모여 사는 뉴욕에서는 새로운 사람을 만나면 가장 먼저 묻는 질문 중의 하나가 '본래' 어디 출신이냐는 것이다. 워낙에 여기저기 옮겨 다니며 자라난 사람이 많아서 그렇기도 하고, 다른 나라에서 태어났지만 결국 이곳에서 안주한 사람들이 많아서이기도 하다. 그래서 내가 코리아에서 왔다고 하면 아직까지도 가장 많이 듣는 질문은, 믿기지 않겠지만 "North or South?(북한 아니면 남한?)"이다. 서구 세계를 벗어나 보지 않은 사람들에게는 여전히 한국이라는 나라가 생소할 따름이니, 처음엔 다소 황당했지만 지금은 익숙해졌다. 그래서 가끔은 장난기가 발동해, 무표정하게 "North"하고 대답해 본다. 그러고는 "내가 아마 네 인생에서 처음이자 마지막으로 만나는 북한 사람일 테니까 잘 눈여겨 봐” 하면, 어떤 사람들은 눈이 휘둥그레져서는 무슨 보물이나 발견한 듯이 신기해한다.

어떤 때에는 어떻게든지 북한에 관한 질문을 피해보려고 ‘일반 한국 사람들에게도 북한에 대해서 알려진 것은 그다지 많지 않다’고 미리 못을 박아도, 집요하게 이것저것 물어보는 사람들도 있다. 그래서 어릴 때 판문점을 방문했던 얘기와 창밖으로 총을 메고는 왔다 갔다 하던 북한 병사 얘기를 해주면, 무슨 첩보 영화라도 보듯이 다들 눈을 반짝반짝 빛내며 듣고 있다.

내가 뉴욕에서 일하던 회사의 상사는 유난히 정치와 국방 문제에 관심이 많은 사람이었다. 그래서 북한과 관련한 무슨 뉴스라도 터지면, 다음날 곧바로 나에게 와서 ‘한국에서는 반응이 어떠냐?’, ‘주식 시장에는 무슨 영향이 있었냐?’ 등등을 꼬치꼬치 물어보곤 했다. 그런 이유로, 처음에는 별 관심이 없던 나도 언젠가부터 같은 뉴스라고 해도 미국이나 영국의 매체들의 반응뿐만 아니라, 한국과 아시아계 언론의 뉴스들도 동시에 점검하는 것이 습관이 되었다. 내가 함께 일하던 사람들은 여러 나라에 투자를 하는 관계로, 직업상 국제 경제나 지정학적인 문제에 관심이 많기는 했지만, 그 중에서도 특히 북한 얘기가 나오면 이들의 반응은 유독 민감하다. 솔직히 말하면, 나도 미국에 오고 나서야 북한과 관련된 뉴스를 눈여겨보기 시작했을 정도이니 말이다. 한국에서 살 때의 경험으로 인해 북한이라는 존재에 대해 많이 무감각해진 내가 '저런 일들은 수도 없이 있었고, 매번 주식시장에 미치는 영향은 미미했다'고 말하면, 그들은 그저 의아해할 따름이다. 그렇지만 나의 무덤덤한 반응에도 불구하고 계속해서 꼬치꼬치 따져 묻는 그들을 보고, '아이쿠, 이번에는 정말 심각한가 보다' 하는 생각에 한국에 있는 가족이나 친구들에게 전화를 해보면, 반응은 한결같다. "북한이 뭘 어쨌는데? 아, 그거? 너는 한국 사람이 왜 미국 사람들이랑 똑같이 오버를 하니?" 한다.

한국에서는 미국이 너무 확대 해석한다고 하고, 미국에서는 한국 사람들의 위기의식에 문제가 있다고 한다.

미국이나 유럽계 언론의 뉴스를 볼 때 많이 듣는 얘기 중의 하나가 '대부분의 한국 사람들이 잊고 살고 있지만, 그들은 사실상 아직 전쟁 중(practically 'at war')'이라는 사실이다. 한국의 주식 시장에 상장된 회사들만 봐도, 국제적으로 경쟁력이 있고 탄탄한 회사들이 다른 나라의 비슷한 회사들에 비해서 엄청나게 싼 배수(P/E ratio, 즉 주식 하나당 가격 대비 수익률)로 거래가 되는 경우가 많은데, 가장 큰 이유들 중의 하나가 바로 이러한 지정학적인 요인이다. 그래서 정확히 수량화할 수는 없어도, 많은 회사들의 가치를 평가할 때 한국 회사라는 이유만으로 시장에서 매겨지는 할인 요인을 '지정학적 디스카운트(geopolitical discount)'라고 얘기하기도 한다. 그런 기사를 볼 때마다 나도 갑자기 바짝바짝 정신이 들곤 하는데, 아마도 한국을 떠나서 거리를 두고 상황을 보지 않으면 깨닫기 힘든 일 중의 하나가 아닐까 싶다.

얼마 전, 뉴욕의 '코리아 소사이어티(Korea Society)'라는 조직에서 주최한 한 프레젠테이션 이벤트에 갔었다. 커티스 멜빈(Curtis Melvin)이라는 미국 남자를 초청하여, 그가 수년에 걸쳐서 북한의 곳곳을 방문해 보고 또 여러 가지 자료를 수집하여 직접 제작했다는 북한의 지도를 선보이는 자리였다. 이 사람이 웹 서치엔진인 구글(Google)의 최신 서비스들 중의 하나인 '구글 지구(Google Earth)'를 이용하여, 직접 철도망과 전선망 등을 추적하여 만들어 내었다는 이 지도는 누가 봐도 혀가 내둘러질 정도로 상세하다. 보통은 한국의 정세에 관한 이벤트가 있을 때 참석하는 사람들의 대부분이 한국 교민들이거나 한국에서 발령나와 있는 주재원들인 경우가 많은데, 그날은 정반대였다. 그도 그럴 것이 한국의 대통령 이름은 몰라도, 웬만큼 국제정세에 관심이 있는 미국인이라면 '김정일'이라는 세 자 이름에는 익숙하다. 간혹 이름을 헷갈리는 사람들도 어눌한 발음으로 '김일정'의 근황을 물어볼 정도이니 말이다.

하다못해 미국 사람들 중에 북한에 관심이 있다 하는 사람이면 누구나 읽어보았다는 책까지 있다. 나도 읽어보지는 않았지만, 브래들리 마틴(Bradley K. Martin)이라는 사람이 쓴 《Under the Loving Care of the Fatherly Leader》라는 책인데, 미국 뉴저지의 프린스턴대학에서 중국어와 아시아학을 공부하고 이후에 아시아에서 저널리스트로 활약한 적이 있는 저자가 미국 언론인으로서는 드물게 일곱 번이나 북한을 방문하면서 경험한 것들을 책으로 낸 것이다. 아마존 닷컴(Amazon.com)이라는 웹사이트에 가서 이 책을 검색해 보면, 장문의 댓글들이 줄줄이 달려 있는 것을 볼 수 있다. 외국인들의 북한에 대한 호기심이 어느 정도인지 실감이 날 것이다.

그런 현실을 반영하듯, 행사가 있던 날도 30명은 족히 될 듯한 미국인들과 여기저기 띄엄띄엄 보이는 몇몇 나이 드신 한국 할아버지들이 아담한 규모의 공간에 빼곡히 들어차 있다. 태평양 건너 지구 반대편 뉴욕의 한 오피스빌딩에서, 벽 한 면의 커다란 스크린 화면을 통해서나마 생전 상상도 못해봤던 북한의 곳곳을 들여다보면서 나는 묘한 기분에 휩싸였다.

2006년부터 북한에 대해서 병적으로 흥미를 갖기 시작했다는 이 특이한 미국 남자가 가진 이 '비밀왕국(Hermit Kingdom)'에 대한 지리적 지식은 내가 아는 어떤 한국 사람이 평생 북한에 대해서 관심을 갖고 지켜본 것에 비교할 수 없을 정도로 치밀하다. 왜 이 프로젝트를 시작하게 되었느냐는 질문에, 그는 반복적으로 강조한다. "내가 미쳤다고 생각할지 모르겠지만, 너무나 흥미로워서 멈출 수가 없었다"라고. 5년이라는 시간동안 자비를 들여서, 아무도 시키지 않고 보상해 주지 않는 작업에 단순히 '재미가 붙어서' 몰두했단다.

Q&A 시간이 되자, 한국전쟁의 베테랑 정도로 보이는 수많은 미국의 할아버지들과 아마도 북한에 고향을 두고 이민을 오신 듯한 몇몇 한국 할아버지들의 질문이 끊임없이 이어진다.

"연변을 보여주시오!"
"판문점 한 번 봅시다!"
"군 기지도 보입니까?"

이때만을 기다렸다는 듯이 모두들 궁금한 것 투성이이다. 마지막으로 커티스가 재미있는 것을 보여주겠다고 하더니, 지도상의 이곳저곳을 클릭하고 가까이 클로즈업해 보인다. 희미하게 보이는 녹색의 골프코스. 나는 입이 벌어질 따름이다. 한국에 있을 때에는 그저 멀고 먼 남의 나라처럼 덮어두고 살았던 북한이라는 나라의 곳곳을 미국에 와서 이렇게 가까이 보게 되다니.

1980년대를 기억하는 사람이라면, 매달 15일이면 있었던 민방위 훈련에 대해서 잘 알 것이다. 오후 2시가 되면 사방에서 요란하게 울려대기 시작하던 사이렌 소리에, 수업도 중단한 채 학생들 모두 그 조그마한 나무 책상 밑으로 기어들어가 한참을 엎드려 있어야 했던 기억. 마치 그 작은 나무 책상이 천하무적의 바리케이드라도 되는 양 말이다.

1983년 초의 어느 날에는 '실제상황'이라며 울려대는 사이렌에 놀라, 온 가족이 무턱대고 깜깜한 차고로 내려가서 숨죽이고 라디오에 귀 기울이고 있었던 기억이 난다. 그 차고의 셔터 문만 당겨서 올리면 바로 훤한 대낮의 골목길인데…. 우리들의 할머니, 할아버지들이 아직 살아 계시다면, 아직도 생생하게 기억하고 계실 한국전쟁. 사이렌이 미친 듯이 울려 퍼지던 1983년의 그날, "아이구, 이런 일이 또 생기니 우짜면 좋다냐…" 하시던 할머니의 근심 가득 찬 한숨 소리가 아직도 귀에 울린다.

남북한 사이에 긴장감이 조성될 때마다 문득 위기감이 들어 한국에 전화를 해서 물어보면, 친구들은 그런다. "야, 미국 사람들 왜 그렇게 오버하냐? 북한이야 항상 똑같지 뭐. 별일 있겠어?" 그런 사람들은 그저 꼬치꼬치 물어보는 내가 귀찮아서 그런 거였을 거라고 믿고 싶다.

일과 관련하여 아시아의 지정학적인 문제들을 논하다 보면, 한국인을 접할 일이 많지 않은 미국인들은 종종 내게 물어보곤 한다. 대한민국의 앞날에 있어서 북한과의 관계가 어떤 변수로 작용하게 될 것 같냐고. 그리고는 연이어 묻는다. '너' 개인적으로는 분단된 너희 나라의 앞날이 어떻게 되기를 바라냐고. 부끄러운 얘기지만, 그제야 생각해 보게 되었다. 태평양 건너의 미국에 와서야. 한국의 젊은이들은 이런 질문에 대답할 준비가 되어 있을까? 아니면, 그저 남의 나라 일인 양 '눈 가리고 아웅' 하고 있을까? 깜깜한 지상의 차고가 천하무적의 지하 벙커라도 되는 양 쪼그리고 앉아 '대피'하고 있던 초등학생 시절의 나처럼.

K. Shouting Korea!

팁 안 줘도 되는 나라

"South Korea's highly educated, hard-working, service-oriented and tech-savvy workforce gives the nation a big advantage in launching a services revolution."

("고도로 교육받은, 열심히 일하고 서비스 지향적이며 테크놀로지에 밝은 한국의 인력들이 한국이 서비스업의 개혁을 일으킬 수 있는 커다란 이점을 제공한다.")
- 〈맥킨지 쿼터리(Mckinsey Quarterly)〉, 2010년 4월, 리처드 돕스와 롤랜드 빌링어의 'Beyond manufacturing(제조업을 넘어서서) 중에서'

2010년 여름, 몇 주간의 서울 방문을 마치고 뉴저지의 뉴워크(Newark)공항에 내린 나는 맨해튼으로 돌아가는 택시에 올랐다.

덩치만 컸지 오래되고 낡은 택시의 내부는 에어컨에서 뿜어 나오는 공기 때문에 더 텁텁하게 느껴진다. 독특한 억양을 가진 택시 기사가 한 손으로 핸들을 잡은 채로 다른 한 손으로는 힘겹게 내비게이터에 주소를 입력하는 것을 불안한 눈으로 지켜보던 나는 그 억양이 어느 나라의 것인지 궁금해졌다. 다른 한 손이 다시 핸들에 오르는 것을 보고는 마침내 어디 출신이냐고 물으니, 이집트에서 엔지니어로 일하다가 십년 전쯤 미국에 왔다고 한다. 그리고는 한동안 이집트가 얼마나 멋진 곳인지에 대해서 늘어놓더니, 나더러 이집트에 방문할 일이 있으면 자기에게 말만 하라며 너스레를 떤다. 그때까지만 해도 분위기가 좋았다. 하지만 집 가까이에 다다르면서 언제나 그렇듯 미묘한 신경전이 전개되었다.

'5불만 더 얹혀주면 될까? 아니면 7불…? 짐을 내리고 나면 지불을 할까, 그 전에 할까?'

아는 사람들은 잘 알겠지만, 뉴욕과 그 일대의 택시 기사들의 무례함은 이를 데가 없다. 공항을 오갈 때면 후하게 10 몇 불씩 덥석 팁으로 얹혀주는 사람들도 있지만, 한국에서 자라나서 '팁을 당연히 지불해야 한다'는 개념이 별로 없는 나는 철저히 서비스의 질에 따라서 팁을 매기는 편이다. 게다가 몇 주간 단 한 푼도 더 들이지 않고 누렸던 서울의 깨끗하고 질 좋은 서비스에 익숙해진 나로서는 단 몇 불이라도 더 얹혀주어야 하는 것이 솔직히 아까웠다. 내가 지갑을 만지작거리는 사이에, 먼저 기선을 제

압하려는 듯이 기사가 그런다.

"톨(toll) 비용이 12불이고 팁은 15% 주면 돼!"

이집트 가거든 연락하라고 '선심' 까지 썼으니 부르는 대로 내가 대뜸 내줄 줄 알았는지, 톨 비용은 그렇다 치고 팁을 정확히 얼마 달라고 요구하는 것이 기가 막히다. 항상 겪는 일이었지만, 그날따라 불쾌했다. 천원만 더 붙여서 지불해도 감사하다고 거듭 인사를 하던 서울의 택시 아저씨들이 문득 떠올랐다. 그 이집트 아저씨가 짐을 제대로 내려놓은 것을 확인하고 나서 밖으로 나온 나는 물론 내 마음대로 팁을 얹혀서 건넸다. 꼬깃꼬깃한 지폐들을 하나씩 펴서 세어보는 아저씨의 얼굴이 서서히 굳어진다. 예의바르게 "Thank you!"라는 말을 잊지 않고 뒤돌아서는 '왕' 과도 같은 고객에게 기사는 고개도 돌리지 않고 아무런 대꾸도 없이, '휙' 하니 핸들을 꺾어 달려 나간다.

뉴욕이라는 곳이 워낙에 물가가 비싼 곳이기는 하지만, 특히 서비스 관련 업종은 더 심하다. 뉴욕을 찾는 많은 이들이 골치 아파하는 것 중의 하나가 팁을 얼마나 줘야 하는가 하는 문제인데, 의례적으로 15% 정도를 더 얹혀주거나 청구서에 별도로 명시된 세금의 두 배 정도로 계산하여 주기도 한다. 이 팁 때문에 서로 눈 흘길 일도 많이 생기고 웃지 못 할 해프닝도 많이 생기곤 한다.

택시 얘기를 좀 더 하자면, 한번은 택시를 탔는데 가지고 있는 현금이 달랑 5불짜리 한 장이었다. 4불 50센트 정도의 요금이 나와서 그냥 5불을 주고 내렸더니, 이 기사가 떠나지 않고 앞 창문을 스르륵 내리고는 천천히 나를 따라오며 뭐라고 소리를 친다. 그가 한 손을 뻗쳐서 무언가를 내미는데, 뭐라고 말하는지 안 들려서, "What's the problem?" 했더니, 불쾌하다는 듯 대꾸한다. "이거 그냥 가져가!" 자세히 보니, 그 손에는 잔돈 50센트가 들려있다. 그 사람은 1불도 안 되는 팁은 받지 않겠다고 그렇게 시위라도 하고 싶었나 보다.

뉴욕이라는 도시의 서비스업 종사자들은 서비스의 질과는 상관없이, 가격뿐만 아니라 태도에 있어서도 자신들은 무조건 프리미엄이 붙는다고 생각하는 경향이 있다. 이런 콧대 높은 세계적인 금융도시들의 자존심은 뉴욕에서만 보이는 것은 아니다. 아직까지 아시아의 금융허브라고 할 수 있는 홍콩도 만만치 않다. 걸어가면 5분에서 10분이면 갈 거리여도 급한 마음에 눈앞에 지나가는 택시를 잡으면, 막 대륙에서 건너온 듯 영어가 서툰 택시기사가 한 100미터쯤 달리다가는 '끼이익!' 하고 멈춰 선다. "IFC 가자니까요, I.F.C.!" 하고 더 큰 목소리로 천천히 또박또박 읊으면, 기사가 무어라고 불만스럽게 떠들어댐과 동시에, '탁!' 하고 차 옆문이 활짝 열린다. 홍콩의 택시들은 기사가 버튼을 누르면 자동으로 문이 열리기 때문에, 말이 필요 없으니 그냥 내리라는 뜻이다. 무어라고 따진들 소용없다. 같은 센트럴 지구 내에 있는 곳은 안가겠다고 기사가 거부하면, 그냥 얌전히 내

리는 게 상책이다. 대화를 하려고 해보았자, 알아들을 수 없는 중
국어 방언이나 광동어로 빽 하니 소리를 지를 뿐이니. 그나마 매
너 있는 아저씨들은 영어로 소리 질러 주신다.

물론 택시뿐만이 아니다. 한번은 집 근처의 네일 살롱에 갔을
때였다. 뉴욕 곳곳의 네일 살롱들은 한국계나 중국계 사람들이 운
영하는 경우가 많은데, 그곳은 단지 집에서 가까워서 몇 번 간 적
이 있는 중국인이 운영하는 곳이었다. 그때가 내가 마침 타임스
퀘어 근처에 살 때였고, 일대에 워낙에 사람들의 발길이 잦아서
지나가다가 들르는 손님들로 늘 장사가 잘 되는 편이었다. 손톱
관리를 받고 말리기 위해서 앉았는데, 매니큐어가 고르게 발리지
않아서 여기저기가 울퉁불퉁한 것이 눈에 거슬린다. 마침 옆에 젊
은 두 아가씨가 앉아 있다가 나에게 속삭이듯이 그런다. "여기 자
주 오나요?" 그냥 가까워서 가끔 온다고 답하며 같은 질문을 던
졌더니 그가 그런다. "Today is my first time." 그리고는 더 작
은 목소리로, "AND the last time!" 자기가 집에서 한 것만도 못
하다고 투덜거리는 그들을 보며 웃음이 나왔다. 마침 현금을 안
가지고 나와서 신용카드로 계산을 하고 나가려니, 깐깐하게 생긴
중국인 주인이 눈을 부라리며 그런다. "팁을 줘야지!" 속으로는
기가 찼지만, 그래도 예의상 "현금이 없으니 신용카드에 더하라"
고 했더니, 눈에 잔뜩 힘을 준 그가 언성을 한 톤 더 높이며 그
런다. "Tip is cash only!" 그리고는 "당장 저 앞에 있는 현금지

급기에 가서 캐시를 빼가지고 오라"고 '명령'을 한다.

 그뿐인가. 우리나라로 치면 아파트 경비원과 비슷한 역할을 하는 아파트의 '도어맨(doorman)'과 빌딩을 관리해주는 각종 스태프들에게도 평소에 크고 작은 팁을 주는데, 연말이 되면 '연말 보너스'에 상당하는 액수의 팁을 줘야 한다. 한 아파트를 관리하는 스태프들이 30명은 되는 고층 아파트에서 한 사람에게 50불 정도를 준다고 생각하면 1,500불, 그러니까 한국 돈으로 백오십만 원이 훌쩍 넘는 돈을 '팁' 내지는 '연말 보너스'로 지급을 해야 하는 것이다. 아파트 내에 이런 전문 스태프들이 있으면, 뭐가 고장이 나면 바로 와서 고쳐주기도 하고, 물건이 배달 오면 받아주기도 하고, 좀 더 고급 아파트에서는 레스토랑이나 각종 공연 예약까지 해주기도 하니, 그런 여러 가지 서비스들이 편리한 것은 사실이다. 그런 서비스를 제공받는 것에 마냥 익숙한 거주자들이지만 무상의 서비스를 기대하지는 않는다. '서비스를 받으면 반드시 값을 치러야 한다'는 현실에 길들여져 있기 때문에, 금액의 차이는 있을지언정 별 불만 없이 팁을 지불하곤 한다.

 이에 비해서 우리나라에서는 형태가 있어서 보이고 잡히는 것이 아닌 '서비스'라는 것에 값을 매기는 일에 아직 익숙하지 않은 것 같다. 하지만 아이러니인 것은, 한국에서의 서비스의 질은 뉴욕이나 홍콩과는 비교도 할 수 없을 정도로 뛰어나다. 웬만한 일은 고객이 원하는 대로 재깍재깍 처리해주고, 무례하다 싶을 정도로 큰 소리를 치고 이것저것 요구하는 손님들에게도 스태프들은 꼬박꼬박 정중하게 설명을 해주고 끝까지 친절하게 서비스해준다. 그렇게 '고객을 왕'으로 대접하면서도 싫은 내색을 하는 경우가 거의 없고, 무엇보다도 절대로 보상을 요구하거나 기대하지도 않는다. 미국에서 각종 서비스 업체들에게 호되게 뜯기는 것에 익숙한 사람들이 아시아를 방문하면서 꼭 묻는 질문 중의 하나가 "팁은 줘야 되는 거야? 얼마 정도 주면 되지?" 하는 것인데, 한국에서는 팁을 주고받는 습관이 없다고 알려주면 다들 좋아라 한다.

내가 이런 얘기를 꺼낸 이유는 미국에서 매일 일상적으로 지불해야 하는 팁이 아까워서라기보다, 수준 높은 양질의 서비스가 제값을 받지 못하는 한국의 현실이 의아하면서도 안타까워서이다. 한국에 돌아갈 때마다 느끼는 점이지만, 은행이 되었건, 통신사가 되었건, 백화점이나 식당이 되었건 간에, 내가 자주 방문하는 나라들 중에서 아마도 싱가포르를 제외하고는 한국만큼 신속하고 깔끔하게 일처리를 해주는 곳이 없다. 이 점에 있어서 미국은 도시마다 어느 정도의 차이는 있겠으나, 한국이나 싱가포르 같은 나라들과는 비교도 되지 않는다. 한국에서 뉴욕으로 돌아온 바로 그 다음 날, 집 근처의 스타벅스에 가서 커피를 주문한 나는 느릿느릿한 점원을 보며 조바심이 나다가도, '아, 내가 지금 미국에 와있지…. 참자' 하고 스스로를 도닥거려야 했다. 곧바로 커피를 만들어서 내어야 할 푸짐한 몸집의 여자 점원이 몇 분째 기다리는 나는 아랑곳하지 않고, 손님인 듯한 한 남성과 몇 분간 깔깔거리며 잡담을 주고받는 것을 마냥 보고만 있어야 했다. 한국에서라면 손님이 벌써 짜증을 내고 언성을 높이고도 남았겠지만, 무조건 '손님은 왕이다' 라는 말은 여기에서는 통하지 않는다.

내가 일하던 사무실에서 우리끼리 우스갯소리로 하던 얘기가 하나 있는데, "Never mess with your waitress and your FedEx guy!"라는 것이다. 즉, '내 음식을 내오는 종업원과 나의 우편물 배달해주는 사람을 절대로 함부로 대하지 말라' 는 얘기인데, 괜히 원성을 사서 막말로 음식에 침이라도 뱉거나 배달 온 우편물 전달을 안 해주기라도 할까봐 두렵다는 얘기이다. 실제로 그런 일이 자행된다는 것은 아니지만, 서비스업 종사자들이 미국 사회에서 얼마만큼의 '위상' 을 지니고 있는가를 대변하는 얘기라고도 하겠다. 그렇다고 서비스의 질과 수준이 이에 일관되게 부응하는가? 그런 기대는 저버린지 오래이다.

최상의 서비스를 제공하면서 그저 "감사합니다. 또 오십시오" 하는 한국 사람들, 얼마나 '착한가.' '질 좋은 훌륭한 서비스' 라는 이러한 값진 국가 경쟁력에 이제 당당히 값을 매겨야 할 때가 오지 않았을까? 내 손톱에 울퉁불퉁 매니큐어를 칠해 놓은 그 뉴욕의 네일 살롱 여주인처럼 '현금 찾아와서 팁 내놓아라!' 하고 언성을 높이거나, 뉴워크공항에서 나를 태워온 택시 기사처럼

'팁은 15%야!' 라고 대놓고 요구하는 것은 물론 격이 없는 행동
일 뿐만 아니라, 우리 정서에 맞지도 않는다. 그렇지만 무언가를
요구해야 할 필요가 있을 때에는 당당히 요구할 수 있어야 한다.
'팁 안 줘도 되는 나라' 로 여러 사람들의 뇌리에 각인되어 있는
한국이지만, 적어도 서비스의 질로써 승부하는 업체라면, '저희
서비스에 만족하신다면, 10~15%의 소정의 팁을 제공해 주시면
대단히 감사하겠습니다!' 하는 사인 하나쯤은 걸어놓아도 된다.
이미 팁을 주는 문화에 익숙한 외국인들로서는 타지에 와서 환대
를 받고 기분 좋게 서비스를 제공받았으면, 조금이나마 감사의
표시를 하고 싶어지는 것이 당연하다.

　장담하건데, 한국이라는 나라에서 제공받은 수준 높은 서비스
에 기쁜 마음으로 값을 치룰 이들은 수도 없이 많을 것이다. 이
러한 팁을 주는 문화가 강요되거나 오용돼서는 안 되겠지만, 한
국인들이 제공하는 서비스의 전반적인 질과 수준을 감안해 볼
때, 우리나라에서도 팁을 주고받는 문화가 정착해야 한다는 생각
에는 변함이 없다. '팁 안 줘도 되는 나라' 라는 꼬리표는 방문하
는 사람들에게 반갑게 들릴지 모르겠지만, 그보다 더 중요한 것
은 '뛰어난 서비스를 제공하는 나라' 로 기억되는 것이다.

　이해를 쉽게 하기 위해서 '팁' 의 예를 들기는 했지만, 사실 이
는 지폐 몇 장을 더 건네받을 수 있는 단순노동에만 해당되는 얘
기는 아니다. 어떤 분야가 되었건 간에, 수준 높은 서비스는 제

값을 받아야 하는 '자산'이라는 인식이 정착되어야 하고, 다양한 분야의 서비스 산업이 한국의 경제성장의 원동력이 될 수 있을 정도로 성숙해야 한다. 여기서 논할 사항은 아니지만, 물론 서비스업계의 효율성과 국제적인 경쟁력을 높이기 위해서는 대대적인 제도적 개혁이 선행되어야 하는 것은 물론이다.

머지않은 미래에 한국 내에서뿐만 아니라 전 세계의 클라이언트를 대상으로, 우리의 서비스 산업이 당당하게 '코리아 프리미엄(Korea Premium)'을 요구할 수 있는 날이 왔으면 하는 바람이다.

'금융 강국 대한민국'을 꿈꾸며

2007년 가을의 어느 오후, 비행기에서 내려 인천공항으로 들어서던 나는 넓고 쾌적한 내부시설과 깨끗한 차림의 친절한 스태프들을 보며 마음이 뿌듯했다. 아시아의 대표적인 국제공항들 중에서도 인천공항은 과거의 영화를 잊지 못해 지난 세월에 마냥 머물러 있는 듯한 미국의 공항들과는 달리, 마치 가까운 미래에 시간여행이라도 온 듯한 느낌을 갖게 한다.

당시 내가 일하던 회사에서 운용하던 펀드의 투자위원회(Investment Committee) 위원들과 일주일간 아시아 출장을 다니던 중이었다. 싱가포르, 홍콩, 뭄바이 그리고 도쿄를 함께 돌아본 세 명의 위원들 중에 두 명은 난생 처음으로 한국이라는 곳을 방문하는 것이었고, 가장 나이가 많은 투자위원회 회장은 수십

년 전에 부산의 항구에 잠시 머물러본 이후의 두 번째 방문이라고 했다. 매년 숱하게 아시아 지역을 방문하는 이들이지만, 그들에게 한국의 서울이라는 곳은 여전히 먼 외곽의 낯선 도시나 다름없었다.

나도 낯선 곳에 출장을 갈 때면, 기대감보다는 아무래도 긴장감을 더 많이 갖게 된다. 그런데 잔뜩 긴장을 하고 있다가도 나로 하여금 '휴우…' 하고 안도의 한숨을 내쉬게 하는 것이 두 가지가 있다.

하나는 국제도시에서 일하는 비즈니스맨이라면 누구라도 24시간 손에 쥐고 살다시피 하는 블랙베리(Blackberry)가 작동되는 것을 확인할 때인데, 장시간의 비행 중에 전송되어온 수십 통의 이메일들이 손바닥만 한 화면 속으로 줄줄이 다운로드 되는 것을 볼 때면 안도감이 물밀듯이 밀려오곤 했다.

그리고 또 다른 하나는, 조금 엉뚱하지만 걸어서 닿을 만한 곳에 인어공주 비슷한 모습이 새겨진 초록색의 동그란 사인이 눈에 들어올 때이다. 블랙베리와 스타벅스, 이 두 가지는 말하자면 나를 '문명 세계'로 연결시켜주는 매개체임과 동시에, 내가 '안전지대'에 와있다는 안정감을 느끼게 하는 반가운 신호이기도 했다. 지금은 3G 기기사용이 보편화되어서 어느 나라에 가도 별 불편이 없이 이메일이나 전화를 사용할 수 있지만, 2007년까지만 해도 미국에 기반을 둔 대부분의 사람들은 GSM의 TDMA 모듈

만을 내장한 블랙베리를 사용하고 있었다. CDMA 방식이 상용화된 한국이나 일본에서는 이 기기를 사용할 수 없었으니, 잠을 잘 때에도 머리맡에 블랙베리를 고이 두고 자곤 하던 사람들이 감내해야 했던 불편함은 물론이요, 그 '금단현상'으로 인한 불안감은 말로 표현하기 힘들 정도였다.

서울에 입국을 하던 그날, 혼자서 '내국인' 줄에 서서 신속하게 수속을 마치고 짐까지 찾아서 나온 나는 이내 불안감이 밀려들었다. 세 명의 클라이언트들이 이민심사를 받기 위해서 '외국인' 줄에 서 있는 것을 분명히 보았는데, 도착 홀에 나와 보니 호텔 측에서 나온 차량담당 스태프가 영어로 된 커다란 사인을 든 채로 혼자 서서 우리를 기다리고 있다. 그리고는 30분 가까이 눈이 빠지도록 기다려도 세 명 중 아무도 홀에 나오지 않는 것이다. 블랙베리가 먹통이니 전화를 하거나 이메일을 할 수도 없고, 그 많은 사람들 속을 뚫고 다시 들어가 볼 수도 없는 노릇이었다. 알고 보니 그날따라 입국하는 외국인들이 많아서 시간이 더 오래 걸렸을 뿐이었지만, 그렇게 클라이언트가 '실종'되었던 30분 동안 내가 얼마나 공황 상태에 빠졌었는지는 쉽게 짐작할 수 있을 것이다.

그렇게 이틀하고도 반의 빡빡한 스케줄을 무사히 마치고 모두들 뉴욕으로 돌아갔지만, 그 다음해부터는 매년 갖는 아시아 출장 일정에서 한국을 아예 제외하게 되었다. 대신에 한국인인 내가 개인적인 일과 비즈니스를 겸하여 서울에 가게 되면 필요한 미팅들을 혼자서 소화하고 보고하는 형식을 취하기로 한 것이다. 아시아뿐만 아니라 전 세계 시장을 대상으로 활발한 투자활동을 벌이던 그들에게 있어서 별도의 시간을 내어 서울을 방문한다는 것은, 런던이나 홍콩, 싱가포르에서 같은 양의 시간을 보내는 것에 비해서 생산적이지 못하다는 이유였다. 이는 한국이라는 나라가 웬만한 글로벌 펀드의 포트폴리오에서 차지하는 비중이 매우 미미하다는 점을 감안하면 더욱 이해가 가는 결론이었다.

그도 그럴 것이, 서울에서 미팅을 잡자면, 하루 동안에 강남과 강북을 넘나들고 여의도까지 가야 할 때가 많다. 빡빡한 일정을 소화해야 하는 비즈니스맨에게 있어서, 주중 내내 서울 곳곳에서 어김없이 맞닥뜨리게 되는 교통체증은 치명적이라고 할 수 있다. 그렇다고 지하철을 타자니 플랫폼에 닿을 때까지 한참을 걸어야 하고, 환승을 할 때에도 역들 사이가 너무 멀어 걸어 다니기에 버거울 정도이다. 나 혼자 다니라면 뛰어서라도 다니겠지만, 여러 명의 외국인 클라이언트들을 데리고 환승역 사이를 헤매 다니는 것은 상상할 수도 없는 일이다.

반대로 홍콩이나 싱가포르에 위치한 펀드매니저들 중에는 자국의 주식시장은 물론이요, 거대 중국지역(Greater China)과 아시아 전체까지 커버하는 이들이 대부분이고, 사무실도 대부분 같은 동네에 몰려있기 때문에 단 며칠을 머물더라도 낭비하는 시간 없이 알차게 보낼 수가 있다. 게다가 다른 투자자들의 발길 또한 잦으니, 스케줄이 맞으면 서로 짬을 내어 아침식사나 커피를 함께하면서 정보를 교환하기도 한다.

세계 금융의 메카인 뉴욕에서도 얘기는 마찬가지이다. 광대한 서울에 비하면 좁디좁은 맨해튼이지만, 대부분의 헤지펀드 매니저들은 미드타운 내에서 몇 블록 간격으로 밀집해 있다. 하다못해 내가 일하던 회사의 사무실이 있던 빌딩 내에는 온갖 헤지펀드들과 펀드 오브 펀즈 그리고 프라이빗 에퀴티 펀드들이 층마다 모여 있었다. 솔직히 파크 애비뉴를 중심으로 한 미드타운에서 월스트리트가 있는 다운타운까지 가려면 길게 잡아야 30분이지만, 하루 이틀 일정으로 방문하는 사람들은 미팅 스케줄에 맞춰서 정신없이 사무실 사이를 뛰어다녀야 하는 일이 다반사다. 이런 상황에서, 아무리 이삼십 분 거리라고 해도 혹시나 있을지 모르는 교통체증이라든지 어떤 다른 변수들을 고려할 여유가 없는 것이다.

나 개인적으로는 서울에 출장을 올 때마다 가장 불편하게 느껴졌던 점이 이러한 이동성과 근접성의 문제였지만, 아마도 외국인들에게 있어서 이에 못지않게 심각한 문제점은 한국 사람들의 영어구사능력일 것이다. 억양이 강할지언정, 홍콩이나 싱가포르 사람들은 대부분 영어를 자유롭게 구사한다. 한국에서도 물론 외국인 투자자들과 가깝게 일을 하는 펀드매니저들이나 애널리스트들의 영어실력은 수준급이다. 하지만 그 이외의 사람들에게 있어서는 영어 사용이 보편화되지 않은 것이 사실이며, 이는 금융 강국을 표방하는 한국의 현실이 넘어야 할 또 하나의 커다란 장벽이 아닐 수 없다.

2009년에 서울을 처음으로 방문했다는 한 미국인 친구의 이야기가 생각난다. 시내를 돌아다녀보니 거리 곳곳의 표지판들에 영어표기도 되어 있어서 큰 불편이 없었지만, 지나가는 사람들을 붙잡고 무어라도 물어볼라치면 여전히 사람들과의 의사소통에는 어려움이 있었다고 한다. 길을 찾지 못해서 택시에 올랐더니, 차 내부에 'English Interpretation Service' 라는 안내문이 붙어있었는데, 이번에는 이를 보고 안심이 되기보다는 이내 의구심이 들었다고 한다. 이유인즉슨, '번역' 이나 '통역' 을 의미하는 'translation' 이라는 단어가 아닌, 마치 어떤 심오한 내용을 '해독' 한다는 뉘앙스를 풍기는 'interpretation' 이라는 단어가 사용되어 있었기 때문이었다. 그러면서 하는 얘기가 '안내문에서조차 어색한 표현을 써놓았는데, 정말로 이 번호에 전화를 하면, 제대로 영어를 말하는 사람이 받으려나?' 하는 의심이 들었다는 것이다.

스위스의 국제경영개발원(IMD ; International Institute for Management Development)은 매년 세계 경쟁력 보고서(World

Competitiveness Yearbook)라는 것을 발표한다. 경제성과와 정부의 효율성, 비즈니스의 효율성 그리고 공공 기반시설이라는 네 가지 주요 분야에 걸쳐서 58개국의 세계 경쟁력을 평가하는 것이 그것이다. 2010년 올해에 1, 2위를 차지한 국가들은 바로 이웃나라인 싱가포르와 홍콩이다. 미국은 이들에 뒤져 3위로 밀려났고, 타이완이 8위, 말레이시아가 10위 그리고 본토 중국이 18위에 올라섰다. 그렇다면 한국은 어디쯤에 있을까? 이들보다 한참 아래인 23위이다. 침체의 늪에 빠져 심각한 위기에 놓여있는, 하지만 아직까지는 세계에서 두 번째로 큰 경제대국인 일본은 27위이다.

국내에만 머물러 있을 때에는 느끼기 힘들겠지만, 세계인의 눈에서 들여다보았을 때, 이처럼 아직까지 한국의 경쟁력이 아시아의 경쟁국들에게 뒤지는 것이 사실이다. 2003년, 한국정부가 '금융허브 건설'을 주요 정책과제로 정했을 때, 부끄러운 얘기지만 나부터도 콧방귀를 뀌었었다. 각종 제도적인 제약들뿐만 아니라, 인프라의 구축이나 인력 양성 등 해결해야 할 과제들이 산더미라고 느꼈기 때문이다. 하지만 한때 '은둔의 나라 코리아(Corea, the Hermit Nation)'로만 알려졌던 대한민국이 정부주도 하에 진취적으로 세계 속에서의 위치를 찾아가려 노력한다는 것 자체가 고무적이라고 생각한다. 아시아 금융위기가 있기 전인 90년대까지만 해도 우리의 사고가 얼마나 닫혀 있었던가.

1990년대 후반이던 십여 년 전에 국내에서 최고라고 여겨지는 한 법률회사에 다니던 선배와 가졌던 대화가 생각난다. 당시만 해도 '우물 안 개구리'였던 내가, '왜 그 회사는 욕심만 채우려 하는 외국계 회사들을 주요 클라이언트로 삼느냐'고 물었더니, 그의 대답은 이러했다. "거꾸로 생각해 보세요. 우리 같은 회사가 있어야 외국회사들도 한국에 들어와서 비즈니스를 하게 되죠. 문제가 생기면 자신들을 프로페셔널하게 대변해줄 '내 편'이 있다는 확신이 있어야, 생면부지의 남의 나라에 들어와서 비즈니스를 하지 않겠어요? 더 이상 우리끼리만 살 수 있는 세상이 아니잖아요?"

2010년의 한국은 해묵은 '배타주의'를 많이 벗어던진 모습이다. 어떤 나라를 좋아하고 싫어하고는 각자의 선택이자 결정이지만, '세계화'라는 대세 속에서 지금 한국이라는 나라가 어떻게 자리매김하느냐가 우리의 미래를 결정한다. 하루라도 더 늦기 전에 무조건적인 민족 우월의식과 시대감각을 상실한 자기만족, 그 나태함과 고집스러움을 벗어던지고, 열린 사고로 세계를 품어야 하지 않을까.

서울에서 온 투자자

지난 몇 년간 수많은 헤지펀드 매니저들을 만나면서, 주로 뉴욕이나 홍콩, 싱가포르에 거점을 두고 활동하는 한국계 매니저들을 만나볼 기회도 많이 있었다. 법적으로 한국에 적을 둔 헤지펀드들은 아니지만, 한국의 헤지펀드 업계를 선도한다고도 할 수 있는 이들을 다른 나라의 매니저들과 비교해 볼 때, 제일 먼저 떠오르는 인상은 겸손하고 성실하다는 것이다. 없는 애기를 수려한 말솜씨로 그럴싸하게 포장하거나 하는 경우가 별로 없다. 하다못해, "이 회사는 가치 있는 자산들도 많이 갖고 있지만, 주요 비즈니스에 있어서도 성장률이 탄탄한가요?" 하고 유도심문격의 질문을 던지면, 보통은 단언은 하지 않더라도 어떻게 해서든지 좋게 들릴 만한 점들을 꼬집어서 부각시킬 것을, "아니요. 그냥 부동산을 잔뜩 쌓아놓고 있는데, 그게 제 가치가 실현이 되는 데 시간이 좀 걸려요” 하고 솔직히 잘라 말한다. 그저 1~2년 앞을 내다보고 투자를 하는 투자자들에게는 달갑게 들리지 않을 얘기이다. 이런 경우에 눈앞의 투자자들을 잡아두기 위해서 그들이 듣고 싶어 할 얘기들을 골라서 해주는 매니저들도 있지만, 적어도 내가 만나본 한국의 매니저들은 솔직하고 겸손하며 꾸밈이 없었다. 의외라고 생각하는 사람들도 있을 테고, 어찌보면 다 상대적인 거라고 할 수도 있겠다.

하지만 세계 각국의 투자자들이 참여하는 컨퍼런스에 주기적으로 참가하고, 미국, 유럽 등지에 적극적으로 투자유치를 하러다니는 매니저들 중에는 장기적인 투자 철학이 뚜렷하고, 국내에서만 활동하는 매니저들보다 사고의 폭이 넓으며 시야가 훨씬 트여있는 이들이 많다. 사적인 자리에서 만나 점심이라도 같이 하게 되면, ‘부동산에만 집착하는 한국의 일반 투자자들에게 어떻게 하면 근본에 충실한 건전한 주식투자법을 알려줄까’, ‘국내에서도 유능한 투자 전문인들을 양성하려면 어떻게 해야 할까’ 그리고 ‘한국이 세계로 도약할 수 있는 일류 수준의 경쟁력 중의 하나인 서비스업을 어떻게 발전시켜야 할까’ 등에 관한 얘기들을 시간 가는 줄 모르고 하기도 한다.

나의 짧은 경험과 견문을 종합해 볼 때, 한국의 금융, 투자업계를 세계적인 수준으로 도약시킬 수 있는 가장 빠르고도 확실한 한 가지 방법은, 국내에 수없이 잠재해 있는 인력들을 세계적인 수준으로 양성하는 것이다. 물론 한국에서 일할 때에도 느꼈던 점이지만, 해외에 나가서 각국 출신의 전문인들을 만나본 이후, 더욱 절실히 느낀 점들 중의 하나는 한국 사람들만큼 학습능력이 뛰어난 사람들도 드물다는 것이다. 그것이 높은 지능에서 기인하는 것인지, 한국인 특유의 끈기와 의지력에 의한 것인지, 아니면 어릴 때부터 하도 공부를 많이 해야 하는 문화에서 살다보니 그저 훈련이 잘 되어서 그런 것인지는 모르겠지만, 하여튼 뉴욕과 홍콩을 비롯한 세계적인 금융시장에서 탁월한 지적 성과를 발휘하는 한국인들을 수도 없이 보았다.

반대로, 내가 함께 일해 본 미국인 동료들 중에서는 자신의 언변과 프레젠테이션 능력, 사람을 대하는 기술과 매너 등을 주축으로 경쟁력을 구축해 나가는 이들이 더 많았다. 이러한 소프트 스킬(soft skills) 또한 매우 획득하기 힘든 중요한 지적 자산이며, 현실적으로 화술이나 정치적인 기술 또는 뛰어난 세일즈 능력이 가져다 줄 수 있는 금전적 보상은 엄청날 수도 있다. 하지만 결국에 가서는 허울만 좋은 이들은 들통이 나게 마련이다. 기본적으로 자신이 종사하는 분야에서 근간이 되는 기술과 지식이 탄탄해야 하는 것은 필수이다.

금융계를 발칵 뒤집어 놓은 2008년의 위기 이후, 미국의 기관투자자들의 투자활동이 다소 위축되던 시기에 많은 뉴욕의 펀드

매니저들 또한 자금을 유치하는데 애를 먹기도 했다. 어떤 이들은 종종 나에게 떠보듯이 물어 보곤 했는데, "한국의 기관투자자들이 해외투자를 매년 늘린다던데, 네가 한국에 가서 좀 알아볼 수 있냐?" 하는 것이었다. 사실상 한국이나 중국의 기관투자자들은 헤지펀드나 기타 사모펀드들에 직접 투자를 해본 경험이 극히 제한적이며, 이러한 '대체투자업(Alternative Investments)' 분야에서 구사하는 다양한 투자기법에 대한 실무적인 이해를 갖추고 있는 경우도 매우 드물다.

반면에, 미국이나 유럽에 기반을 두고 수십 년간 다양한 투자기법을 구사해온 헤지펀드나 사모펀드 전문 매니저들 그리고 이들에게 활발하게 투자해온 서구의 각종 연기금들은 지금과 같은 위기가 일생에 한 번 올까 말까 한 절호의 투자 기회라고 믿고 발 빠르게 대응하고 있다. 시장이 조금이라도 회복의 기미를 보이면, 각종 연기금을 비롯한 기관투자자들은 다음 투자 대상을 찾아내기 위한 물밑 작업에 박차를 가한다. 펀드매니저들 또한 이들 투자자들로부터 보다 적극적으로 펀드를 유치하기 위해서 안간힘을 쓰는데, 그래서 현금을 쌓아놓고 조심스럽게 대체투자 분야에 눈길을 돌리기 시작한 한국이나 중국 또는 중동 지역의 기관투자자들에게 주의를 기울이고 있는 것이다.

지난 몇 년간, 국내의 각종 연기금들로부터 자금을 유치한 국내의 금융기관들이나 자산운용사들이 국내 주식시장뿐만 아니라 해외시장에도 보다 적극적으로 투자하고자 하는 움직임을 보여 왔다. 사실상 이들은 아직까지 해외 굴지의 투자기관들에서 훈련을 받은 외국인들이나 소위 '해외파' 한국인들을 통해서 대체투자업계로의 진입구를 찾고 있지만, 한국의 대체투자업계가 일부 '외국계' 인력의 전유물이 되어야 한다는 법은 절대로 없다. 지금의 대학생들이나 사회 초년생들이 고도의 훈련을 통해서 한국의 대체투자업을 세계적인 수준으로 이끌어 나갈 수 있는 저력을 충분히 가지고 있기 때문이다.

한국이 아직까지 엄연한 아시아의 금융허브라고 할 수 있는 홍콩이나 싱가포르에 비해서 여실히 뒤지는 점들 중의 하나가 글로벌 마켓에서 경쟁할 수 있는 인력이 턱없이 부족하다는 점이다. 이는 우수한 인적자원을 갖추고 있는 나라로서 이해가 안 가는 부분이다. 다시 말하지만, 뉴욕에서만 봐도 헤지펀드니 프라이빗 에쿼티 업계에서 맹활약하고 있는 한국인들이 한둘이 아니다. 하지만 한국이라는 나라의 경쟁력을 심사하기 위한 고려대상의 하나인 국내의 전문 인력 중에는, 예를 들자면 영어를 유창하게 구사하고, 글로벌마켓 기준을 이해하며, 국제적으로 공식적으로 인정받는 CPA라든지 CFA 등의 자격을 갖춘 인력이 턱없이 부족하다는 것이다.

해외의 헤지펀드나 사모펀드들에 눈을 돌리기 시작한 국내의 연기금들을 장기적이고 효과적으로 운용하기 위해서는 한국에 이

미 산재해 있는 우수인력들을 적극 계발하고 활용할 수 있어야
한다. 우리 손으로 투자 대상을 물색하고 전 세계에 다양한 기법
으로 투자할 수 있는 능력을 갖춰야 하는 것은 너무나도 당연한
일이다. 하다못해 특정 분야에 전문성을 갖춘 외국의 펀드매니저
들에게 자금을 맡기게 되더라도, 그 돈이 '눈먼 돈'이 되도록 내
버려 두어서는 절대 안 된다.

지난 몇 년간 한국계 투자기관들 중에는 부실한 미국의 금융
기관이나 폭락 직전의 부동산 시장, 하다못해 메이도프와 같은
사기꾼에게 투자를 하여 엄청난 손실을 본 곳들이 이미 꽤 된다.
투자를 업으로 하다보면 잃을 때도 있고 벌 때도 있게 마련이지
만, 이러한 시행착오를 반복하지 않고 손실을 최소화하기 위한
노력이 절실하다. 펀드매니저들의 자격요인과 과거전력뿐만 아니
라 투자 대상과 포트폴리오의 구성 등을 빈틈없이 평가해야 하는
것은 물론이고, 투자를 승인하기 전에 만일의 사태에 대비한 갖
가지 조항들을 꼼꼼히 검토하고 협상해야 하며, 투자가 이루어진
이후에도 정기적으로 실사를 하고 지켜보면서 효과적으로 관리할
수 있는 능력을 반드시 갖춰야만 한다.

이제 사회에 발을 내딛은 지 얼마 되지 않아 세계적인 금융인
또는 전문 투자자가 되고자 하는 꿈을 안고 사는 이들이라면, 언
젠가 태평양 반대편의 그 화려한 도시에 자리한 멋들어진 이름의
외국계 회사에 '진출'할 꿈을 안고 하루하루를 살고 있는지도 모

르겠다. 하지만 외국기관의 '용병'이 되기를 최종목표로 삼기보다는, 궁극적으로 국내 기업들과 투자기관들이 세계적인 수준으로 도약할 수 있도록 그들과 함께 성장할 방법을 모색해야 한다. 이제는 우리가 '서울에서 온 투자자'가 되어 전 세계를 누빌 꿈을 꿀 때이다.

뉴욕에서 외치는 대~한민국!

"Kim's inspiring performances in Vancouver changed the face of figure skating forever. Those six and half minutes on ice left not only a mark in the record book but also an indelible impression on millions of young girls around the world. For Kim, the dream that began as a 7-year-old has been realized. For these girls, thanks to her, a dream and journey are just beginning."

("김연아 선수가 밴쿠버에서 보여준 영감이 넘치는 연기는 피겨 스케이팅의 얼굴을 영원히 바꾸어 놓았습니다. 얼음 위에서의 그 6분 30초는 기록으로 남았을 뿐만 아니라, 전 세계의 수백만

명의 어린 소녀들에게 결코 지울 수 없는 인상을 남겨주었습니다. 김연아 선수에게 있어서는 일곱 살의 꼬마로서 꾸기 시작한 꿈이 현실이 된 것이고, 수많은 어린 소녀들에게 있어서는, 김연아 선수 덕분에 하나의 꿈과 (그 꿈을 실현하기 위한) 여행이 이제 막 시작한 것입니다.")

– 미셸 콴(Michelle Kwan)

서울에서 살 때의 가장 막바지 무렵의 추억들 중의 하나가 2002년도 월드컵이다. 광화문 사거리에 있던 사무실로 매일 아침 출근을 하면서 서울 시청 앞을 지나갈 때면, 제일 먼저 눈에 띄는 것이 시청 건물 꼭대기에 설치되어 있던 전광판이었다. 월드컵 개막까지 남은 날 수를 나타내는 전광판의 숫자가 매일 하나씩 줄어드는 것을 보면서도, 마치 그런 기다림의 날들은 마냥 계속될 것만 같았다. 그 숫자가 200이던 어느 날 아침, 문득 전광판을 올려다보면서, '이제 몇 달밖에 안 남았네?' 했던 기억이 나는데, 지금도 서울을 방문해 시청 앞 광장을 지나갈 때면, 많이 달라진 모습에 새삼 낯설기도 하고, 수년 전에 그 밝은 금빛의 숫자를 보며 느끼던 기대감과 설렘이 새록새록 다시 떠오르기도 한다.

마침내 월드컵은 다가오고, 여기저기서 있었던 월드컵 관람 파티들. 모두들 붉은 상의로 맞춰 입고 얼굴에 태극 문양을 칠하고는 다 함께 모여서 응원하고 환호하던 경험은 나에게 있어서 가장 뿌듯하면서도 가슴 벅찼던 기억들 중의 하나이다. 한국 팀의 경기가 있는 날이면, 어김없이 사무실 창문 아래로 내려다보이던 붉은 사람들의 물결을 보면서 당장이라도 빨간 티셔츠로 갈아입고 뛰쳐나가고 싶은 충동을 느꼈던 것이 한두 번이 아니었다. 그 시기에 내가 일하던 회사의 미국 본사로부터 한 고위 임직원이 방문 중이었는데, 경기가 있던 어느 날 오후 호텔에서부터 한참을 걸어서 사람들의 물결을 헤치고 사무실로 들어오던 그가 한 한마디는, "Wow…, This is exhilarating! I have never seen anything like this before!" 그의 말처럼 그 해의 월드컵은 한국에서 계속 살아온 내게 있어서도, 생전에 절대 느껴보지 못한 형용할 수 없이 가슴 벅차고 흥분되는 그런 경험이었다.

지난 몇 년간 세계의 많은 곳들이 그랬겠지만, 뉴욕은 특히나 이상 기후의 표본이었다. 2010년 올해 3월의 한 주말은 믿겨지지 않을 정도로 너무도 쾌청한 봄 날씨가 계속 되었고, 그 전 주말은 미친 듯이 비가 퍼붓고 바람이 불었다.

그 바로 전 주였던가. 밖에 나갈 엄두도 못 낼 정도로 눈비가 내리던 밤, 부츠를 단단히 챙겨 신고는 집을 나섰다. 뉴욕에서 한국 교민들이 설립한 비교적 큰 규모의 한인 비영리 조직들 중에 많은 젊고 유망한 친구들이 적극적으로 활동하고 있는 KACF(Korean American Community Foundation)라는 곳이 있다. 다양한 자선 활동도 주선하고 친목 도모의 네트워킹 이벤트도 주최하는 곳인데, 그날에는 '하루에 1달러씩 기부하기(One Dollar A Day)'라는 캠페인을 알리기 위한 이벤트가 있었다. 그날 저녁에 김연아 선수의 올림픽 프리 스케이팅 이벤트가 예정되어 있어서, 겸사겸사 사람들을 초대하여 함께 경기를 관람하자는 취지였다. 퍼붓는 눈 때문에 잠시 고민을 하다가도 차마 그런 중요한 경기를 혼자서 보기에는 아까워서, 그보다 솔직히 말하자면 혼자 보기에는 너무 긴장이 되고 가슴이 두근거려서, 밤 열한 시가 되어서야 주섬주섬 일어나 사람들이 모여 있는 타임스퀘어의 한 바로 향했다.

뉴욕에서 잠시라도 살아보지 않은 사람들에게 타임스퀘어라는 곳은 자유의 여신상, 엠파이어스테이트 빌딩 등과 함께 뉴욕의 대명사로 인식되어 있을 것이다. 때문에 뉴욕을 방문하는 관광객들이 이 도시를 온몸으로 느끼기 위해 타임스퀘어로 몰려들기도 한다. 하지만 여기서 사는 사람의 입장에서는 웬만하면 피하고 싶은 곳 중의 하나가 바로 타임스퀘어라 해도 과언이 아닐 것이다. 내가 아는 한 친구는 일하는 사무실이 그 근처인데, 수많은 관광객들 때문에 오죽 짜증이 났던지 한번은, "뉴욕시가 타임스퀘어에 관광객만 따로 다니는 고가다리를 만들든지 해야지, 이건 매일 출퇴근하는 게 보통 고생이 아니야"라고 해서 웃은 적도 있다. 나도 대학원 재학 시절에 타임스퀘어 근처에서 1년 정도 살 때가 있었는데, 이건 매일, 매시간 사람들로 붐비지 않는 날이 없

다. 그 전에 살던 모닝사이드 하이츠에 비하면, 더 사람 사는 데
같고 등하교 길이 우울하지 않아 좋긴 하다만, 매일 아침저녁을
사람들 속을 뚫고 투쟁하듯이 다녀야 하는 것은 큰 불편이 아닐
수 없었다.

하지만 김연아 선수의 경기가 예정되어 있던 그날 밤은 달랐
다. 웬만한 용기가 아니고는 누구라도 저녁 약속을 취소하고 싶
을 정도로 눈과 바람이 몰아치던 그날 밤, 그 붐비던 타임스퀘어
가 도무지 이렇게 한적할 수가 없다. 내가 가장 좋아하는 영화들
중에, 탐 크루즈가 주연을 맡았던 '바닐라 스카이(Vanilla Sky)'
라는 영화를 보면, 주인공 데이빗(David)이 사람의 자취라고는
찾아 볼 수 없는 텅 빈 타임스퀘어를 혼란스러움 속에 내달리는
장면이 있다. 물론 영화 속에서도 데이빗의 꿈속 이야기이다. '도
대체 저런 장면을 어떻게 찍었지?' 싶을 정도로, 그렇게 텅 빈
타임스퀘어는 본 적이 없는데, 그날 밤만은 예외였다.

지하철역에서 나와 사람도 차도 별로 없는 질퍽질퍽한 대로를
건너 마침내 이벤트가 진행 중인 바로 들어서는데, 복층 구조로
된 커다란 스포츠 바에 설치된 대형 TV들에서 일본의 안도 미키
선수의 연기가 한창 방영 중이다. 그 바의 높다란 천장과 널찍한
내부에 걸맞은 커다란 TV 화면 속에서 뿜어져 나오는 올림픽의
열기가 무색할 정도로, 바 안에는 사람이 하나도 없다. 의아해 하
면서 2층을 올라가는데, 조금 안심이 된다. 한국 사람같이 보이

는 사람들 몇 명이 왔다 갔다 하고 한국말도 들리기 시작한다. 계단이 또 있기에 한 층 더 올라가니, 역시나…. 궂은 날씨에도 아랑곳하지 않고 일찍부터 모인 한국 사람들로 가득 메워져 3층 전체가 시끌벅적하다. 무슨 월드컵 결승 경기라도 구경하러 온 듯 하나같이 흥분된 모습. 간혹, 월드컵 때 입었던 빨간 티셔츠를 챙겨 입고 나온 사람도 있다.

마침내 시작된 김연아 선수의 경기. 떠들썩하던 사람들의 대화는 "쉬이 쉬이!" 하는 소리와 함께 잠잠해 지고, 한순간에 모든 시선이 TV 화면으로 꽂힌다. 하늘하늘한 파란 의상의 그녀가 종달새처럼 뛰어오는 그 순간에는 시간이 멈추기라도 한 듯, 숨소리마저 들리지 않는다. 다음 순간 언제 그랬냐는 듯 사뿐히 얼음 위로 내려앉는 그녀를 보면서, 정지됐던 영화가 다시 재생되듯이 관중들은 다시 살아난다. 타임스퀘어 전체가 떠나갈 듯한 "YES!!" 하는 함성과 "와아아!!" 하는 환호성 그리고 정말 오랜만에 느껴보는 모두가 하나가 된 듯한 그 벅찬 감격. 태극기가 올라가고, 시상대 맨 위에 우뚝 선 그녀가 눈물을 훔칠 때, 나도 그리고 대부분이 미국 국적인 관중들도 모두 같이 눈물을 닦았다.

한국에서도 이미 잘 알려져 있겠지만, 2010년의 밴쿠버 올림픽 이후로 김연아 선수는 한국만의 스타가 아닌 엄연한 월드스타이다. 경기가 있던 그 다음날, 밤새도록 흩날리던 눈 속을 뚫고 투자관리업에 종사하는 사람들을 위한 컨퍼런스가 열리고 있던 컬럼비아대학의 캠퍼스로 향했다. 전날 경기를 관람하고 친구들과 밤늦게까지 자축하느라고 다음날 컨퍼런스에 늦게 나타난 나에게 한 친한 친구가 왜 늦었느냐고 묻는다. "어젯밤에 올림픽 경기 보느라고…." 그랬더니 더 이상 설명이 필요 없다는 듯, 그 벽 안의 미국인 친구가 의미심장한 미소를 지으며 하는 말. "She was fantastic!"

얼마 전에는 집 근처의 커다란 서점에 가서 주간지들을 들추다 보니, 〈타임(Time)〉지의 그 주의 에디션에 타임지가 매년 선정하는 '세계의 가장 영향력 있는 사람들(The World's Most Influential People)'이 발표되어 있다. 'Leaders', 'Heroes', 'Artist' 그리고 'Thinkers.' 한국말로 옮기자면 '지도자', '영웅', '예술가' 그리고 '현인'이라고 해석될 만한 네 개의 분야로 나뉘어져 있는데, 뒤적뒤적 분야별로 매겨진 순위를 따라서 페이지를 넘기다 보니, '영웅(Heroes)' 부문에 1위로 선정된 빌 클린턴 전 미대통령의 사진이 커다랗게 한 페이지를 장식하고 있다. 그 기사에 잠시 머물렀다가 다음 페이지로 넘기니, 미국을 대표하는 세계적인 피겨스케이터 미셸 콴이 그 다음 인물을 소개하는 칼럼이 이어진다. 그 기사 위의 사진 속으로 반짝이는 검은 경기복의 김연아 선수가 우아하게 얼음을 가로지르고 있다. 그녀가 바로 세계 2위의 '영웅'이다.

나도 그렇고, 내 주변의 친구들도 그렇고 무언가를 쫓아 열심히 노력을 하다가 난관에 부딪힐 때면 자포자기식으로 잘 중얼거리는 말이 있다. "내가 지금 무슨 영광을 보자고 이 고생을 사서 하고 있지?" 그렇게 되뇌기 시작하면 무언가 새로운 것을 시작해 보고자 하다가도 이내 접어버리게 된다. 물론 나나 나의 친구들이 올림픽이 아니라 동네 체전에라도 나가 보고자 발에 진물이 나도록 훈련을 하는 것도 아닌데 말이다.

뉴욕에서 올해에 성공적으로 디자이너로 데뷔한 한 친구가 데뷔 직후 한동안은 밤낮으로 이리저리 뛰며 열심히 일을 하더니 어느 날 털어놓기를, 문득 너무나 힘들어서 그냥 접을까 하는 생각이 들 때가 있었다고 한다. 그때 그의 남편이 조지 거쉬윈(George Gershwin)의 피아노 콘체르토 F장조가 들어있는 CD를 사다주며 그러더란다. "힘들 때마다 이 음악을 틀어놓고, 네가 지금 하는 고생에 비해서 그 어린 피겨 선수가 얼마나 몇 백배, 몇 천배 힘들게 노력했을 지를 생각해봐."

최근 영국의 주간지인 〈이코노미스트지(The Economist)〉에서 이런 기사를 본 적이 있다. '대한민국의 회사들이 다시 선전하고 있다(Korea Inc is back and booming)'로 시작하는 부제에는 사실상 한국의 재벌들의 압도적인 세력을 비꼬는 뉘앙스가 있으나, 기사 내용을 읽어 내려가던 나는 그래도 흐뭇할 수밖에 없었다. 그 기사는 2007년 이후 불거진 경제위기 속에서 한국이라는 나라가 얼마나 놀랍게도 선전하고 있는가를 논하며, 최상의 기술력을 바탕으로 세계적인 기업으로 발돋움한 몇몇 한국의 기업들의 예를 들고 있었다. 그 중에서도 가장 돋보이는 것이 몇몇 전자회사들의 활약인데, 지난 몇 년간 뉴욕에서만 해도, 경기침체에도 불구하고 기회만 되면 한층 더 업그레이드 된 삼성의 LCD TV를 사려고 안달인 이들을 수도 없이 보았다. 그리고는 기다렸다는 듯이 슈퍼볼 관람파티며, 아카데미 시상식을 관람하는 오스카파티 등을 열어 사람들을 불러 모으고는 즐거워한다. 마치 어린 아이가 새로 얻은 반짝이는 장난감 자동차를 자랑스러워하듯이, 이 날렵한 최첨단 가전기기는 집에 혼자 놓고 즐기기에 아깝기도 할 것이다. 80년대나 90년대에는 무엇이 되었건 소니사의 가전제품을 가진 것을 자랑으로 여기던 이들이, 이제는 너도나도 남들보다 앞서 삼성의 최신 TV를 구매하고는 뿌듯해 한다. 삼성전자가 '일류'를 고집하며 끊임없이 R&D 분야에 피나는 노력을 기울이지 않았다면, 수천만 대에 달하는 최신의 삼성 TV가 세계 곳곳의 거실을 빛나게 하는 일은 불가능했을 것이다.

2010년 6월, 내가 기억하는 8년 전의 서울처럼 사람들은 다시 빨간 티셔츠를 꺼내 입고 서울 곳곳의 거리로 뛰쳐나온다. 한국 시간으로 늦은 저녁이 되어야 열리는 월드컵 경기를 다 함께 관람하기 위해서, 태평양 건너 LA의 스테이플스 센터(Staples Center)며, 뉴욕의 한인 타운까지 새벽부터 몰려든 사람들의 물결로 붉게 물든다. 공교롭게도 오늘의 대한민국은 최초의 '월드

컵 원정 16강 달성'을 자축하면서도, '한국전쟁 발발 60주년'이
라는 비극의 역사를 곱씹으며 숙연해하고 있다. 내가 태어나고 자
란 서울이 한때 폐허의 땅이었다는 것이 정말이지 믿기지 않는다.
　한번은 친한 대학원 친구들과 이런 대화를 나누게 되었다. 공
교롭게도 나의 절친한 대학원 친구들 중에는 대표적인 신흥경제
국들인 'BRIC', 즉 브라질, 러시아, 인디아 그리고 중국 국적의
친구들이 한 명씩 갖춰져 있는데, 이런 신흥경제국들의 빈민촌
을 배경으로 하여 커다란 화제를 모았던 '씨티 오브 가드
(Cidade de Deus)'와 '슬럼독 밀리어네어(Slumdog Million-
aire)'와 같은 영화 이야기를 하던 중이었다. 그러다가 이런 신
흥국가들에서 심각한 사회문제로 대두되는 빈부 격차에 대한 이
야기가 나왔는데, 한 친구가 나에게 대뜸 묻는다. "한국에서도
'부(富)'라는 것은 꽤 새로운 것이지 않아? 너희 나라에 몇 대째
내려오는 'Old Money'라는 것이 존재하니?" 편리함과 안락함
을 당연히 주어진 권리로 생각하며 자라난 대한민국의 '수능세
대들'에게 있어서, 그런 질문은 꽤 생소하게 들릴 것도 같다. 그
러고 보니, 우리와 같이 빠른 시기에 고도의 경제성장을 이룬 나
라도 극히 드물다.
　그 이후로 서울에 올 때마다 종종 만감이 교차하곤 한다. 오후
가 되면 각종 외제차들이 장악하다시피 하는 강남의 거리, 명품
으로 차려입은 늘씬한 여자들, 어느새 곳곳에 들어찬 트렌디한
카페들에서 유유자적하는 멋진 모습의 남녀들. 거리의 풍경만 봐

도 대한민국은 이제 엄연히 잘 사는 나라로 보인다. 구매력 기준 (PPP) 1인당 GDP(Gross Domestic Product)가 3만 불에 다가 가는 지금, '가난'이라는 것은 이제 정녕 남의 나라 이야기가 된 듯도 하다.

세계 어디에 내놓아도, 이제 수많은 한국인들은 엄연히 '가진 자'이자, '우월한 자'이다. 60년 전의 '폐허'와 오늘의 '번영' 사이에 도대체 무슨 일이 있었던 것일까? '내가 무슨 영광을 보겠 다고…' 하면서 한 사람 한 사람이 현실에 주저앉았다면, 지금처 럼 전 세계 곳곳에서 목청껏 "대~한민국"을 외치며 자랑스러워 할 수 있었을까. 지금껏 이루어 낸 것들과 지금 우리가 누리는 것들에 도취되어 만족스러워하다가도, 다시금 의문에 의문이 꼬 리를 문다. 나날이 들어서는 고층의 고급 아파트들과 날로 '업그 레이드'된 모습으로 곳곳의 도로들을 정체시키는 고급 승용차들 그리고 빌딩 건너 하나씩 자리 잡은 트렌디한 카페 안의 여유롭 고 유쾌한 모습들…. 이런 것들이 정말로 우리의 현재를 반영하 는 것일까? 아니면 그저 대도시에서나 볼 수 있는 과대 포장된 일부 '계층'의 모습일까? 이러한 겉으로 보이는 안락과 번영 속 에서 대한민국은 오늘날 OECD 국가들 중 최고의 '자살 공화국' 이라는 오명을 안고 살아가고 있다. 피눈물 나는 노력으로 세계 정상에 선 일부 개인들 또는 기업들의 영광에 무임승차만 하면서 '우리가 해냈다'며 만족할 것이 아니다. 대한민국 곳곳의 양지와

음지의 상반된 모습들, 사회 곳곳에 존재하는 이러한 패러독스
(paradox)들을 하나씩 하나씩 풀어나가고, 진정한 세계 일류국가
로 도약하는 것은 우리 모두의 과제이다.

내 가슴속의 '성화'

외국에 나가서 살면 애국자가 된다더니, 그 말이 어느 정도는 이해가 간다. 한국에 있을 때에는 당연시여기고 마냥 누리기만 하던 많은 것들을 언젠가부터는 새로운 시각으로 다시 바라보게 되었다. 그러면서 많은 것들이 고맙게도 느껴지고 안타깝게도 여겨지기 시작했다.

한국에서 매일의 일상에 갇혀서 사는 사람들에 비해서, 그래도 나는 이곳저곳을 돌아다녀보고 여러 나라에서 온 다양한 분야의 사람들을 만나보고 배울 수 있는 기회를 가질 수 있었던 것에 대해서, 나를 보듬고 가르치신 부모님과 한국이라는 나라에 깊이 감사하는 마음도 생겼다. 나는 서른이 넘어서야 깨달은 점이지만, 한국의 젊은 세대는 이보다 훨씬 일찍 깨닫고 세상에 눈을 떠야 한다고 생각한다. 나의 극히 제한된 경험을 바탕으로 감상

에 젖은 넋두리를 늘어놓은 것이 아닌가 하는 우려가 앞서다가
도, 지금이 아니면 세상에 내보낼 수 없었을 이야기라는 생각으
로 스스로를 위안해 본다.

2010년 동계 올림픽이 한창이던 지난 2월, 미국에서 독점적으
로 올림픽 중계를 하던 미국 NBC 방송의 웹사이트에 가보니, 김
연아 선수의 코치인 브라이언 오서와의 장시간에 걸친 인터뷰 비
디오가 올라와 있었다. 한국의 뉴스는 인터넷을 통해서만 접하던
나로서는 오서 감독이 이렇게 장시간 허심탄회하게 이야기하는
것을 본 것이 처음이었는데, 이 사람이 이야기하는 것을 보면서
그가 가진 직관이나 통찰력도 인상적이라고 생각했지만, 무엇보
다도 그가 선수 시절 이야기를 할 때에 느껴진 그의 스케이트에
대한 열정이 감동적이었다. 인터뷰 중에 그가 이런 이야기를 한
다. 세계 챔피언이었던 그가 금메달을 꿈꾸던 1988년의 캘거리
올림픽 때, 기회가 될 때마다 성화가 있는 곳으로 찾아가 그 불
꽃이 내뿜는 온갖 영감 (every bit of inspiration)을 빨아들이면
서 의지를 재충전하곤 했다고.

끊임없이 방황하면서 수많은 '작은 일탈' 들에서 순간적인 해방
감을 느끼곤 하던 고등학교, 대학교 시절, 나에게도 영감을 주는
누군가가 또는 무언가가 절실하게 필요하던 때가 있었다. 공부가
되었건 일이 되었건, 그냥 살아가면서 불확실한 앞날에 대한 두

려움 때문에 갑갑한 느낌이 들 때에 언제라도 찾아가서 마음을 열 수 있는 누군가가 한 명이라도 있는 사람은 정말 행운아가 아닐까 싶다. 그렇지 않다면, 브라이언 오서처럼 자신에게 영감을 주는 구체적인 대상이 있어서, 기회가 될 때마다 꺼내서 들여다보던지 찾아가서 뚫어져라 쳐다볼 수라도 있으면 그 또한 대단한 행운이리라.

아시아 금융위기 직후에 대학을 졸업하고, 신입 채용이 거의 없던 암울한 경기의 한가운데에서, '아, 내가 1년이라도 경력이 있다면 모든 게 얼마나 쉬웠을까?' 하고 한숨짓던 10여 년 전, 첫 직장이라는 것을 갖기만 한다면 세상에 두려울 것이 없을 것 같았다. 물론 그 이후의 삶은 끊임없는 시행착오와 깨달음의 반복이었고, 내가 미처 예상하지 못했던 변수들도, 기대치 못했던 행운도 수없이 작용했다. 그럴 때마다 또 다른 한 차례의 방황과 휴식 그리고 자아성찰을 거치고 나면, 다행히 당장 꺼질 듯 희미해져만 가던 내 성화의 불꽃도 다시 되살아나고는 했다.

바쁜 일상 속에 덮어두고 지냈지만, 언젠가는 꼭 이루리라고 가슴 속에 소중히 품어오던 무언가가 당신에게도 있다면, 작게나마 흔들리고 있을 그 불씨를 가만히 한 번 들여다보길 바란다. 언젠가는 힘차게 타오를 날만을 기다리며 조용히 숨 쉬고 있을 그 불씨. 그러고 보니, 이렇게나마 인연을 맺게 된 당신의 이야기가 궁금해진다.

"당신의 성화는 지금도 타오르고 있나요?"